高职院校德育课程
实践教学改革与创新研究

李玉倩　著

黑龙江科学技术出版社
HEILONGJIANG SCIENCE AND TECHNOLOGY PRESS

图书在版编目（CIP）数据

高职院校德育课程实践教学改革与创新研究 / 李玉倩著 . -- 哈尔滨 : 黑龙江科学技术出版社 , 2023.1
ISBN 978-7-5719-1730-2

Ⅰ . ①高… Ⅱ . ①李… Ⅲ . ①高等职业教育－德育－教学改革－研究 Ⅳ . ① G711

中国国家版本馆 CIP 数据核字 (2023) 第 032014 号

高职院校德育课程实践教学改革与创新研究
GAOZHI YUANXIAO DEYU KECHENG SHIJIAN JIAOXUE GAIGE YU CHUANGXIN YANJIU

作　　者　李玉倩
责任编辑　陈元长
封面设计　汉唐工社
出　　版　黑龙江科学技术出版社
　　　　　地址：哈尔滨市南岗区公安街 70-2 号　邮编：150007
　　　　　电话：（0451）53642106　传真：（0451）53642143
　　　　　网址：www.lkcbs.cn
发　　行　全国新华书店
印　　刷　哈尔滨景美印务有限公司
开　　本　710mm×1000mm　1/16
印　　张　13.5
字　　数　198 千字
版　　次　2023 年 1 月第 1 版
印　　次　2023 年 1 月第 1 次印刷
书　　号　ISBN 978-7-5719-1730-2
定　　价　50.00 元

内容简介

　　《高职院校德育课程实践教学改革与创新研究》是一本系统研究高职院校德育课程实践教学改革与创新的专著。本书在阐述高职院校德育相关概念的基础上，对高职院校德育体系的发展历程进行了梳理，并对中西方高职院校德育教学进行了比较与借鉴，指出了当前高职院校德育教学工作面临的机遇与挑战。同时，本书还深入分析了现阶段高职院校德育体系存在的问题及成因，并提出了相应的改革创新策略，旨在为提高我国高职院校德育课程实践教学水平提供理论上的指导。

目　　录

第一章 高职教育发展与德育工作的新形势

第一节 高职教育发展面临的机遇与挑战

随着我国教育快速由精英教育向大众教育转变，高职教育作为一种比较新颖的教育类型出现在教育行业，并且经过多年的创新与探索，得到了非常大的发展，逐步为社会各行各业提供全能型及实用型技术人才，这也在一定程度上推进了我国国民经济的快速发展。然而，高职教育在发展的同时，也面临着各种严峻的考验，有不同的机遇与挑战需要其去研究、去战胜。

一、高职教育发展所面临的机遇

高职教育能有目前令人瞩目的成就，与国家对高职教育的重视是密不可分的。现今，我国高职教育发展面临的机遇可总结为三个方面：一是国家对高职教育投入大量资金，可谓前所未有；二是我国对高职教育的重视程度史无前例；三是高职教育的发展建设规模和速度较为惊人。近年来，为了进一步发展高职教育，国家作为发展的坚强后盾相继颁布和出台了各种关于教育方面的政策文件和法律法规。同时，我国社会经济及综合国力不断发展，人才需求量不断增加，这是高职教育发展面临的另一个机遇，也是高职教育发展的外部动力。相比之下，高职教育的毕业生专业技能较强，具有非常独特的自身优势，能够满足国家各行各业的全面需求，并且团队协作意识及适应能力都非常强，更能快速融入社会，这样大大增加了高职院校的就业率，这些优秀毕业生也成为高职院校的实力代言人。

二、面临机遇，规划发展

在当前的新形势下，高职教育面临着前所未有的大好机遇，此时此刻全国各高校应清醒认识到这一形势，并能够把握、利用，在自身优势的基础上进一步制定长远的可持续发展规划，创新教学手段，优化现有资源配置，提高教学实效性及教学质量，谋求新的发展思路，增强自身竞争能力。我国现有高职院校要结合当地经济发展特点及全国对人才的需要方向，并结合国民经济的发展行业特征来规划高职教育的发展，使高职教育的发展更鲜明、更有特点，并向规模型、内涵型、质量型转变。通过一系列的改变，高职教育不仅能够抓住当前形势发展的大好机遇，还能不断优化自己，使得高职教育发展的内在动力不断加强。

三、高职教育发展所面临的挑战

在当前新形势的社会背景下，高职院校在发展的同时，面临的挑战也不断增多，要想平稳快速发展，必须清楚认识到目前所面临的挑战。这些挑战大致可总结为四个方面。

第一，目前我国部分家长及学生对高职院校的教育系统存在一定的偏见，认为其低于本科院系教育。

第二，虽然高职院校目前都在扩招，但是在与其他院校的竞争中，还是受到学历的限制，导致进入高职院校的人大量减少，学校也只能依靠降低招生分数来保证生源，这为高职教育的发展带来非常大的挑战。

第三，部分高职院校教育观念陈旧，教学手段落后，无法满足当前社会多元化发展的需要，没有真正做到理论联系实际。教学质量的薄弱严重影响了学生的就业率，也影响了学校的声誉，同时也不能够在当前激烈的竞争中占得一席之位。如若不能及时进行改革创新，在未来发展的道路上必将出局。

第四，师资力量的挑战。有好教师才能有好大学，教师在高职教育中的重要性不言而喻。高职院校教师的水平高低直接决定着学校发展整体水平的高低，因此应当对此加以重视。

四、面对挑战采取的解决措施

第一，根据我国对高职教育的重视程度来消除家长及社会对高职院校的偏见。高职院校经过长时间的发展，专业技术能力是毋庸置疑的，应当让家长和社会认识到科学技术的重要性，认识到拥有一技之长的重要性。

第二，应该让用人单位及社会认识到在当前形势下，学历并不是对一个人综合素质的全面评价，单凭文凭来界定个人的能力是远远不够的，拥有专业技能的高职学生的适应能力和综合素质可能远超高文凭的学生，因此个人能力与学历并不是完全成正比的。

第三，完善教育层次，满足社会多方面需求。从我国经济发展情况来看，高职院校发展教育也要跟上社会发展的步伐，层次单一、传统、落后的教学已经与社会发展脱轨。各类院校需根据各地经济发展形势及自身能力做出相应的改善与创新，满足社会对人才的需求。

总而言之，在社会发展的新形势下，高职教育发展中遇到的机遇和挑战是显而易见的。如何更好地抓住机遇来迎接挑战是每个高职院校都必须深思的问题。在发展过程中，高职院校一定要找准方向，明确目标，创新品质，具有探索精神。

第二节　高职院校德育工作面临发展不足的挑战

高职院校办学面临着诸多挑战，这些挑战又直接影响我国高职院校的德育工作。

一、高职教育注重职业技能训练的特点容易忽视学生主体性的培养

随着市场经济的发展，功利主义和实用主义的影响日益加剧，教育的功利价值十分明显，尤其是职业教育在这一点上表现得更为突出，更重视对职业技能的培养，而忽视了"人之为人"所应具有的独立、自由、价值、人格、

个性等方面的发展和完善，这种教育仅仅教学生职业，而对于精神的陶冶不够重视，会把一种很好的教育变成"机械的教育"，不能称之为职业教育。

在这种教育理念的影响下，学生德育工作存在强制性和灌输性，这是高职院校发展初始阶段的通病。这样的教育过程是教师动而不是师生互动的过程，咨询性和渗透性不强，学生成为接受知识的容器。教师更关注课堂教学的速度和质量，忽视学生的内化和外化过程，忽视学生道德价值判断能力的养成，学生也没有做好从他律到自律的心理准备，面对汹涌而来的各种思潮和信息往往不知所措。种种原因造成高职生的主体意识比较缺乏，他们对学校、对自己缺乏信心，学习动力不足，进取意识薄弱。面对这种缺失，自我主体意识的教育是很难实现其教育目的的。

二、高职院校的学生工作明显滞后

我国高职教育的历史短，经验不多，高职生工作也不完善。现在，大多数高职院校的学生工作均处在探索阶段，或是直接采用专科学校的学生管理方式，或是沿用中专学校的管理方式。高职院校的学生工作在思路、体制和机制上都已明显滞后于现实的需要，这种状况影响了学生的成长和学校教学工作的正常进行。由于高职院校绝大多数由转制或升格而来，且近几年的招生规模又不断扩大，无论在教育管理观念上，还是在措施方法及组织体系上，都存在着与学生的实际不适应的问题。目前，高职院校的德育状况概括起来是"五多五少"：大范围灌输多，个别交流少；大好形势宣传多，针砭时弊分析少；技能训练多，素质培养少；一次性教育活动多，系列教育活动少；专业素质培养多，人文素质培养少。

三、高职院校的经费来源紧张，导致学生管理投入不足

学校日常经费开支的 2/3 ～ 3/4 需要由学费和其他杂费收入来维持，在学生管理队伍的人员配备上，为了提高办学效益，不可能配备大量专职工作人员，人员编制普遍紧张。教育部规定，普通学校的学生政工专职干部按 1∶200 配备，专职辅导员按 1∶120 ～ 1∶150 配备。许多普通高校的专

职学生辅导员的配备使用，常采取从优秀本科生、研究生中选拔，专职干2～3年，再予以提拔或转岗培养，或鼓励其采取继续教育的流动式的模式，高职院校也不可能模仿，因为高职院校自身条件有限，做不到教师进出流动自如。

四、毕业生就业机制的改变使高职生面临严峻的生存挑战

随着我国教育体制、就业体制改革的不断深化，高职毕业生基本上按照"双向选择，自主择业"的劳动力市场机制去确定工作岗位。就业是高职生实现独立生存的第一步。目前，我国劳动力就业压力很大，相当一部分的学生就业能力比较差，这种压力直接影响着高职生的学习态度及整体精神状况。另外，社会对高职教育、高职生有一些不正确的认识和态度，学生在学历上有自卑感。有人按照培养目标认为，普通高校培养的是"白领"劳动者——学术型、设计型人才，而高职院校培养的是"蓝领"劳动者——面向生产、管理、服务行业的一线应用型技术人才。虽然不同的职业只有社会分工之别，没有高低贵贱之分，但由于"白领"与"蓝领"在劳动强度、劳动条件等方面存在着一定差别，因此容易降低高职生的自我评价。目前，有一些用人单位错误地认为，高职生是大学专科层次之下的学生，是高考中的落榜生，因此在思想上对他们产生了拒绝心理。这种社会氛围会对高职生的思想情绪，以及他们的学习与生活产生一些不利影响。

另外，招生规模的迅速扩大，导致生源整体素质下降，学生易受社会不良因素的影响，给高职院校的德育工作带来许多困难。以上这些问题是高职院校德育工作的不利因素，它们在不同程度上影响着高职生的道德状况。

第三节　高职院校德育工作面临的"全球化"影响

一、"全球化"的内涵、动力与前景

近年来，关于"全球化"问题的研究论文和著作可谓汗牛充栋，但却较少有定论，从"全球化"的界定到其发展的前景等方面都存在很多争议，在此主要介绍当前该研究领域中颇为流行的几种观点。

（一）"全球化"的基本内涵

如果把当代全球性问题的研究看作"全球化"研究的开始，那么它始于 20 世纪 60 年代末的"罗马俱乐部"关于全球问题的研究报告。20 世纪 80 年代后期以来，"全球化"一词已成为国际社会科学界使用频率最高、内涵界定分歧最大的概念之一。目前有以下几种说法：一是根据美国著名历史学家斯塔夫里阿诺斯（Stavrianos）在《全球通史》中关于资本主义是一种"全球现象"的说法，认为资本主义等于"全球化"。二是认为"全球化"是指第二次世界大战后的世界经济一体化。从世界反法西斯战争胜利的 1945 年算起，"全球化"是一个约有 78 年历史的概念。三是根据 20 世纪 70 年代拉美左翼将当代世界划分为资本主义中心与边缘两大块的"世界体系论"，认为"世界体系"等于"全球化"，是一个约有 50 年历史的概念。四是认为"全球化"是指 20 世纪 90 年代以来，以"资本全球化"为中心的"全球化"浪潮，它是一个有约 30 年历史的概念。经济合作与发展组织（OECD）对"全球化"的界定如下："全球化"是指工业、服务在全球广泛传播，这些工业和服务包括诸多内容，其中涉及研究与开发、生产、分销等。与此同时，"全球化"也代表诸多公司在全球范围内建立跨境的网络发展、利用资产。

以上几种关于"全球化"的界定，都是经济学范畴上的"全球化"概念，实质上，当今时代的"全球化"早已超越了经济学的范畴，拓展到了经济、政治、文化、信息和社会生活的各个领域。因此，"全球化"是指世界各民族国家之间以经济互动为核心，在经济、政治、文化、信息和社会生活等各个领域越来越深入的互动现象。立足于此，我们将这样一个世界各个国家之间交往与互动空前深入的时代称为"全球化"时代。

（二）"全球化"的本质与动力

关于"全球化"的本质，目前来看至少有两种观点：一种认为"全球化"是市场经济发展的大趋势，是生产社会化的继续和深入；另一种认为"全球化"是资本主义在人为操作下的扩张。这两种不同，甚至可以说对立的观点，与在"全球化"动因的认识上的两种理论是相对应的。

一般认为，与历史上世界现代化运动的任何一个发展阶段一样，当代"全球化"的动力依然是技术进步和自由市场的扩张。当代"全球化"的现实动因，无疑是信息产业革命提供的技术动力；而"全球化"产生的背景，则是冷战结束后引发的世界经济结构的变革和市场扩张。

在"全球化"动因的认识上，持必然论的"全球化"理论强调信息生产力和市场扩张是自然趋势；持怀疑论的"全球化"理论则强调新自由主义的理论和政策对当代"全球化"的塑造作用。必然论的"全球化"动因说认为，新自由主义倾向于认为"全球化"有单一的或者首要的动力，特别突出信息技术的变革或者资本主义（市场经济）是"全球化"的动因。自称是变革论者的一部分人认为"全球化"是诸多因素共同作用的结果，这些因素包括技术变革、市场力量、意识形态、政治决策，但是这些观点都难免对"全球化"进行不恰当的理解。持必然论动因说的一些新马克思主义学者认为，"全球化"本身是一个历史的、自然的发展过程，是生产社会化的继续和深入，这个过程是不可抗拒和不可逆转的。持怀疑论的左翼学者并不是一般地否认"全球化"的客观动因，而是反对必然论所宣扬的宿命论历史观，努力解释"全球化"与新自由主义之间的关系。德国《明镜》周刊的两位记者指出，在新自由主义信条的指引下，西方大部分实行经济自由主义政策的政府在20世纪80年代开展了一种为资本争取自由的斗争。它们废除了各种控制措施，并削弱了国家干预，还通过贸易制裁或其他高压手段强迫其他国家也采取同样的方针，实行非调控化、自由化和私有化。这"三化"成为西欧各国和美国经济政策的战略工具。这些工具被新自由主义推崇为国家意识形态。从这一角度来看，"全球化"和"新自由主义"是密切相关的两个概念。英国学者大卫·哈维（David Harvey）明确指出，"全球化"是新自由主义的"全球化"。当代"全球化"是新自由主义帮助资本打破资本积累中的一切空间障碍的努力。

（三）"全球化"的前景

对于"全球化"的发展前景，目前存在两种截然不同的预测。一种观点认为，由于新产业革命和"全球化"的发展，资本主义进入了又一个"黄金时代"；另一种观点则认为，"全球化"造成工业发达国家资金外流、人才外流、贸易保护主义抬头、价值观念崩溃，使资本主义国家的竞争力下降，面临发展危机。然而，无论理论上如何看待"全球化"的前景，实践中的"全球化"客观上已经给发展中国家提供了机会。全球资本的流向可以拉动一个国家和地区的现代化。中国明显是20世纪90年代那一轮"全球化"浪潮的得益者。"全球化"为中国的改革开放造就了良好的外部环境和条件。

联合国工业发展组织的报告指出，"全球化"不是零和对策，而是一个"双赢"战略，即在加速发展中国家和转轨中国家的工业化的同时，也给凭借高技术优势的工业化国家带来相当的利益。处于工业化转轨阶段的中国一方面要在"全球化"的"双赢"战略中抓住历史机遇，争取更大的利益；另一方面还应立足于争取第二个"双赢"，即在"全球化"浪潮中争取工业和环境的可持续发展，为子孙后代留下更多、更大、更有选择性的发展空间。

二、"信息技术全球化"对高职院校德育的影响

网络的普及和应用是"信息技术全球化"最重要的成果和表现形式，也是"信息全球化"最重要的载体。这里所讲的"信息技术全球化"是指信息技术在全球范围内的发展、普及和应用。网络在我国的迅速发展使之成为当前高职院校德育不可忽视的重要阵地。充分利用网络为高职院校德育提供的

机遇，同时引导大学生克服网络带来的消极影响，是新时期高职院校德育面临的重要课题。

（一）"信息技术全球化"为高职院校德育提供的机遇

第一，使高职院校德育更富开放性。传统的德育往往局限于"面向国内"，网络的迅速发展带来了信息的"全球化"，人们可以轻易地获得来自全球各地的信息，德育面临的环境产生了变化，不仅要面向国内，而且必须重视国际环境。因特网是全球性的信息网络，它能够把所有通信系统、电脑资料库和相关设施连接起来，融合现有计算机及电话、有线电视、无线通信系统的所有功能，形象逼真地在全球范围内传递文字、声音、图像，迎合了现代社会的需要，因此发展特别迅猛。例如，从纵向角度看，电子媒介诞生的时间越晚，所需的发展时间越短，电台经历了38年，电视经历了13年，有线电视经历了近10年，而因特网只花了不到2年。随着因特网的发展，网络用户急剧增加。因特网加速了"信息全球化"的进程，使新时期德育处在空前开放的环境中，重视并利用好网络阵地是时代赋予德育工作的新任务。

第二，增强了德育对象的主体意识。德育的主要对象是青年，特别是大学生。上网已成为现代青年，特别是大学生基本的学习、工作和生活方式之一，网络以其卓越的技术优势赢得了学生的青睐，成为学生获取信息、了解社会、交流思想的重要渠道。受网络交互机制的影响，学生产生了强烈的自我表现欲望，自主意识越来越强。与传统德育载体相比，网络是一种交互性很强的工具，多媒体技术的运用，使得网络不仅能够有效地处理文字和数据，而且能够处理图像、书本、音频等多种信息，将电脑、电视、录像、录音、电话、传真等融为一体，形成智能化的多媒体终端与个人之间相互交流的全息操作环境。在这个内容特别丰富的信息网络中，大学生通过点击相关网站，可以自由地检索自己感兴趣的内容，根据自己的需要深入寻找有关的信息，各取所需，既简单又详尽，阅读的自主性得到了技术上的保障，具有参与性强的特点。此外，大学生还能主动利用电子邮件等迅速与信息发布者联系，能够与教育者直接进行"虚拟对话",教育者和受教育者之间的互动机制十分明显,大学生的能动性已经升华为主动性。

第三,使德育的关系实现了虚拟化。网络提供了一个虚拟的生活社区、交往场所,这给我们了解学生思想实际、进行心理咨询提供了极好的途径。大学生遇到思想问题、生活问题时,需要通过与他人的交流得到安慰,但是在现实的物理型校园空间中多有不便,而在网络这个虚拟的自由空间中则可以畅所欲言。因此,以创新为主旋律的新时期高职院校德育,应该积极探索在"信息技术全球化"背景下走进网络的方式,占领网络阵地,借助网络开展育人工作。

(二)"信息技术全球化"对高职院校德育的负面影响

第一,对意识形态防御能力的挑战。"信息技术全球化"使得信息的传播打破了原有国家、地域之间的社会制度及意识形态的约束,没有经过以特定意识形态为标准的把关人的翻译和删减。人们在全方面获取网上信息的过程中,不同国家之间的文化传统、价值取向、宗教信仰和行为方式等方面的冲突达到了前所未有的程度。由于以因特网为媒介的思想和文化的渗透力比传统媒介更直接、更广泛、更强大,而大学阶段又是学生的世界观、人生观和价值观确立的关键时期,这种冲突会造成学生原有的比较稳定的传统文化的分裂和失范,容易影响他们已经积淀到心里的思想、价值和文化,使学生在现实生活中的价值取向、行为选择上难以定夺,从而易导致心理不适、心态失衡。因此,如何提高意识形态的防御能力,是今后高职院校德育工作的重要方面。

第二,对大学生个性心理教育的挑战。"信息技术全球化"的社会是一个开放、自由、高度信息化、自动化的社会,它正实践着加拿大学者马歇尔·麦克卢汉(Marshall McLuhan)关于世界将成为"地球村"的预言。它将改变人们传统的可视性、亲和感的人际沟通方式。网络社会以虚拟技术为基础,人与人之间的交往以间接交往为主,表现形式以符号为主。这种缺少人情味的人机系统的沟通方式容易使人趋向社会分隔化、个人孤立化和非社会化。人们沉湎于失真的生存空间，并由此产生一种虚幻的虚拟情感和体验，人对物的兴趣远远大于对人的兴趣。这样就造成人际情感的淡化，易使人产生冷漠、孤僻等心理健康问题，对他人和社会漠不关心，缺少责任感。大学阶段是一个人的人际交往和心理成熟的重要时期，而网络这种新的人际沟通方式会削弱学生在实际生活中的交往能力。当他们的价值要求得不到社会的肯定和满足时，当他们在现实生活中遇到挫折时，就会把更多的时间、精力投入网络的虚拟世界中，更加依赖网络，只愿在虚拟的数字世界中寻求完美人生。现在一些经常上网的大学生已经出现了焦虑、苦闷和压抑的情绪，严重的还患有"因特网综合征"。"一网情深"将对大学生的学习和生活产生巨大的影响，当个性的自我实现遇到严重障碍时，自我调节功能丧失，极易导致学生产生心理问题和心理障碍。

第三，对道德价值导向能力的挑战。"信息全球化"拓宽了人类的交往空间，但网络技术形成的"虚拟时空"的存在形式也改变了人与人、人与社会的关系。长期与多媒体画面打交道，容易使人产生精神麻木和道德冷漠，并失去现实感和有效的道德判断力，严重时会导致人性本身的异化。网络的隐匿性，使网民可以隐藏自身的真实身份，可以逃避，甚至不承担任何义务和责任。"信息技术全球化"带来的网络化，使得行为主体的道德规范很难再用传统的道德观念来衡量和控制，大家也越来越难在基本社会价值上获得共识。据调查，"信息技术全球化"的成果 —— 网络化对高职院校德育已经产生了相当大的负面影响。因为网络的隐匿性，外界不易对学生的行为进行有效的监督，传统社会道德规范的约束力在网上相对减弱，当他们进入畅通无阻的"数字化王国"时，容易忘掉自己的社会角色、社会地位和社会责任。

第四，对异质文化批判能力的挑战。网络社会中信息的传播是全球性的，一方面，人们可以上网接触到不同国度、不同民族的优秀文化并从中汲取营养，也可以借鉴异质文化的精神来充实自己的本土文化；另一方面，世界各国道德法律的规定各不相同，有些行为在某些国家道德上是允许的，也是合法的，而在我国却是不道德的或违法的。我们也注意到，西方发达国家正在利用网上优势对其他发展中国家进行文化侵略和文化渗透。面对网上众多的信息，如何甄别，如何取舍？面对网上光怪陆离、充满诱惑、彼此冲突的价值观念，我们应该相信谁，又该排斥谁？大学生倘若没有相当的是非辨别力和道德约束力，其思想素质将面临极大的冲击和负面影响。同时，信息社会中由于主体的匿名性而导致的模糊性问题越来越多，有时合法与违法很难判断。因特网呈现的是一个丰富多彩的文化世界，不同的理想、各种价值观念、多种文化形态在这里交融。如何在这样一个多元的文化世界里提高大学生的批判能力和选择能力，而不失去我们的文化传统、社会价值和社会制度，是值得德育工作者深思的。

三、"经济全球化"对高职院校德育工作的影响

"经济全球化"一般被理解为各民族国家和地区经济活动的相互依赖，特别是资本超越国家的界限在全球自由流动，资源以市场为手段在全球范围内合理配置。"经济全球化"趋势的日益深化，不仅带来全球经济发展、经济结构与生产经营方式的变化，而且会引起社会政治、文化及人们的思想意识等发生深刻改变。科学分析"经济全球化"对我国高职院校德育工作的影响，加强和改进高职院校德育工作已成为摆在我们面前的崭新而又严峻的课题。

（一）"经济全球化"给高职院校德育工作带来的机遇

"经济全球化"使大学生的思想进一步解放。在"经济全球化"的大背景下，青年学生处于一个空前开放的世界，其视野已经不再局限于周围的人与事，他们的思想更加活跃、自由和开放，他们比任何时候都关心国际形势的变化和发展。全球竞争、自主择业、自负盈亏唤醒了他们的自我意识、竞争意识和进取意识。在价值取向上，他们强调实惠，由以往单纯追求崇高理想，转向讲求实际、追求实效、重视实用知识和能力，关注现实生活和物质利益。在"全球化"过程中，各国的联系越来越密切，国际分工与专业化进一步加强，全球意识、协作意识成为时代的需要。同时，在"全球化"条件下，国际规则是"安全阀"，为了保护自己的合法竞争，人们的法律意识也越来越强烈。

国际化的经济运作形态将加速资金、信息和商品在全球范围内的流转，

强化社会生活的各个角落的商业化程度，并逐步把市场经济的理念全面推进到社会生活的更多领域，对人的思想意识和价值观念产生重大的辐射作用。市场经济在鼓励人们大胆追求物质利益的同时，更加推崇在平等基础上的自由竞争，强调自立、公平、效率，崇尚民主精神。这种状况必然会反映在即将走上社会的大学生的思想意识中。多年来，学业上竞争的成功，使大学生自我期望值增高，踌躇满志，希望未来走上社会能够实现自己的抱负和施展自己的才华。他们以自我为中心的倾向十分突出。面临着当前社会存在的种种问题和学习、生活、就业的压力，他们担心腐败现象和无规则、不公平的竞争会断送自身的才能和发展前程。因此，他们的政治主体意识和平等意识进一步提高，对腐败的不满、对民主政治的渴求日益增加。

"经济全球化"带来了更加丰富的教育内容。中国加入世界贸易组织（WTO），融入国际市场，必须掌握关于"经济全球化"的相关知识，了解"全球化"的过去、现状和未来及其利弊，学习国际惯例和国际标准，充实经济与可持续发展等方面的理论知识，这就极大地丰富了高职院校德育的内容。加强这方面的学习和教育，有利于培养学生的世界眼光和战略思维，有利于学生树立市场经济的观念和平等竞争的意识，正确对待经济结构的调整。同时，为了在经济竞争中取胜，各国各大公司在选拔人才时都以"国际人"为标准，培养"国际人"成为世界性的人才战略（如日本一家公司就提出了"国际人"应当具备以下 10 个基本条件：积极肯干，但不蛮干；人际关系融洽，不以自我为中心；兴趣广泛，知识丰富；外语出色，乐意结交外国人；行动敏捷；迅速适应并爱上异国他乡；意志刚强，富有忍耐力；深谋远虑但不优柔寡断；安排处理好家庭生活关系；身体健康，精神焕发）。因此，高职院校德育必须根据时代的需要不断丰富自己的内容。

随着国际经济交往日益加强，国际化的经济组织、政治组织、环境保护组织等日渐增多，全球的空间在变小，人类的生存环境越来越具有"公共"的性质，人类的共同利益也越来越多。1993 年，世界宗教议会发表了《全球伦理宣言》，可以算是人类为了解决诸如环境、人口、核武器等全球问题而寻求建立普遍伦理的开始。在全球化时代，由于人类生存和发展的命运已紧紧地联系在一起，我们不得不站在全人类的角度来考虑问题，在行为规范和价值准则上达成某种共识。不仅如此，人类还面临着现代科学技术发展带来的新挑战。在信息网络时代，计算机犯罪已经成为伦理问题。所有这一切都成为"全球化"背景下高职院校德育进一步拓宽教育内容的直接源泉。

"经济全球化"推动高职院校德育方式、方法和手段的现代化。"经济全球化"是以"科技全球化"趋势为先导的，并且进一步促进了科学技术在全球范围内的发展。科学技术，特别是信息、网络技术，为"经济全球化"的迅速发展提供了必要的媒介和手段，也为高职院校德育工作提供了新的媒介和手段，德育工作的科技含量越来越高。除了广播、电视、报刊等传统大众传媒，电子、网络、光学等高科技手段也被广泛应用。德育工作的载体将不断向物质的、文化的、管理的、动态的方向扩展。在教育方式上，由于"经济全球化"带来的开放环境，各国文化交流空前频繁，这就为高职院校德育走出封闭、探索新方法和新方式提供了条件。而且，在"全球化"条件下，和平与发展仍为时代的主题。中国利用"全球化"的契机，促进了经济快速发展，国际地位不断提高，为做好大学生德育工作提供了良好的舆论环境，增强了德育的说服力。

（二）"经济全球化"给高职院校德育工作带来的挑战

在"经济全球化"的冲击下，大学生的思想呈现出复杂的形态，"经济全球化"给高职院校德育工作带来的既是机遇，也是挑战。

在"经济全球化"的过程中，意识形态的渗透正在加剧。西方一些政要在"全人类的共同利益"的幌子下，大力鼓吹"经济全球化"过程中意识形态的作用下降了，这表明"经济全球化"绝不可能离开政治。只是在"全球化"的背景下，意识形态的斗争有了新的表现形态。以往那种激烈对抗的气氛被掩盖于经济、政治、社会、文化等各种形式的交往与活动中，呈现出隐蔽性、复杂性。另外，在"全球化"的外部压力下，我国正经历着市场经济的艰难转型，以实现与国际的对接。青年学生在"经济全球化"的冲击下，思想变得更加务实，理想信念被模糊淡化，这些都将影响青年学生的思想。

"经济全球化"带来了学生思想的进一步开放，但由于部分青年学生社会经验欠缺，批判鉴别力不强，面对经济成功、大众文化和消费主义等扩张的强力诱惑，他们往往迷失其中，盲目效仿，淡忘了脚踏实地、勤劳简朴等传统美德。由于个人主体意识的觉醒，在处理个人与社会的关系上，一些人更加看重现实的个人利益与发展，而忽视国家利益和民族需要，从而失去了对群体、国家和社会的责任感。在价值取向上，他们积极、务实，但过分看重眼前利益，追求世俗的物质目标。在现实生活中，一些学生一味追求超前享乐和现实快活，不考虑将来；崇尚感性，轻视理性，追求时髦，讲究排场；对金钱崇拜，盲目高消费。

"经济全球化"呼唤着创新型人才。创新是一个民族的灵魂，是一个国家兴旺发达的不竭动力，也是一项事业可持续发展的关键。创新型人才的特征，突出表现为具有创新意识和创新能力。然而，目前我国高职院校有一部分学生对创新型人才的概念存在着一种错误的理解，认为创新就是标新立异，就是以自我为中心，就是突出自我，就是我行我素、独来独往；认为强调知识创新就可以不问政治，将集体荣誉和他人利益置于脑后。事实上，创新型人才的培养与我国改革开放和现代化建设的大环境是紧密相关的，与高职院校的整个学习氛围是密不可分的，创新离开这个前提就成了无源之水、无本之木。一个人如果忽视了思想政治素质的培养，学习就会失去动力，人生将会没有理想；一个人如果仅仅满足于眼前的实惠，很难在学业上有所成就，更难成为能够适应未来市场经济发展需要的创新型人才。因此，如何摆正德与智、德与才的关系，真正落实"以德为首"，过去是高职院校德育的核心课题，今天仍是高职院校德育的核心课题。

在"经济全球化"条件下，各种非马克思主义价值观对高职院校青年教师的思想观念产生影响。在高级应用型人才培养的过程中，高职院校的青年教师既是教育者，又是被教育者，如何实现两者的统一，更有效地开展德育工作，是目前高职院校德育工作遇到的新问题。纵观目前我国高职院校师资结构，大部分高职院校 40 岁以下的年轻教师占全体教师总数的 60% 左右，有的高职院校年轻教师比例更高。年轻教师视野开阔、思维敏捷，善于接受新鲜事物，对未来有着美好的憧憬和追求，与大学生进行思想沟通和交流基本不存在"代沟"问题，充分发挥他们的积极性有利于有效开展高职院校德育工作，但是少数青年教师由于社会实践较为欠缺，对社会的认识也不够充分，理想信念有时会发生偏移。这部分青年教师虽然数量不多，但在高职院校中具有一定的影响，会对大学生的思想产生不良影响。从目前高职院校德育状况来看，将青年教师的素质培养纳入整个高职院校大学生德育的系统工程之中十分有必要。

四、"政治全球化"对高职院校德育工作的影响

世界政治是世界经济的集中反映。事实上，"经济全球化"进程已经对世界政治产生了巨大影响。这就是我们所说的："政治全球化"是指世界各民族国家以经济互动为基点的不断加强的政治互动趋势。其本身是一个内涵多样的统一体，既包含西方政治制度和价值观念在全球范围的扩张，也包含着一个民族国家为了更好地融入"经济全球化"，为了自身的生存与发展而遵守一些合乎各国共同利益的办事规则、秩序、行为要求，在政策的制定上与国际市场、国际贸易、国际文化交流、国际政治交往的合理标准、惯例相衔接，即所谓的"接轨""全球治理"，同时也体现了在"经济全球化"基础上世界政治格局由单一中心走向多极中心的分散化过程，即权力在全球范围内的分散过程。在这样的背景下，高职院校德育工作必须重视对青年大学生进行人权观教育、民族国家的主权教育、爱国意识与全球意识教育、社会主义教育等。

（一）"政治全球化"对高职院校德育工作的积极影响

"政治全球化"增强了青年大学生的人权意识。人权即人按照其自然属性和社会本质享有和应该享有的基本权利，是人类社会历史发展的产物。各国的历史证明，人权的发展受着社会经济、政治、文化条件的制约，它随着社会经济、政治、文化的发展而发展。随着改革开放以来中国经济、政治、文化的发展，中国人的人权意识不断增强，人权观念在中国迅速发展起来。

青年大学生是文化层次较高的青年群体,他们的思想意识相对来说更加活跃、敏锐,时代的气息在他们身上反映得更加鲜明。自然,人权意识在他们身上得到了清晰的体现。相对于他们的父辈来说,他们变得更加务实;他们期待民主制度的完善,希望通过公平竞争实现自我价值,获得应得的物质利益;他们视野开阔、胸怀天下,不仅关心本国的社会经济发展及人民生活状况,也关注其他国家的发展情况,关心世界总体局势的发展及其对世界各国人民的生存与发展的影响。

"政治全球化"强化了青年大学生的全球意识。"全球化"在推动经济快速变革的同时,也形成了全球经济社会秩序的大规模变动更新。作为对经济跨国关系的政治反映,当代"政治全球化"客观上体现了全球治理的迫切需要。从全球生态体系到国际金融体系等复杂的全球系统,均不属于领土国家单独主管的领域。在信息、通信和交通设施的支持下形成的许多全球性的经济社会组织,超越了国家边界,也是单个主权国家无法约束的。当代全球经济、技术、军事、政治和文化的流动性在历史上前所未有,传统的民族国家被迫面对国际事务和国内事务、外部事务和内部事务相互交错、难以区分的现实,全球治理已经上升为客观需要。人类在生活方式、思维方式、价值观念等方面表现出来的区域性、民族性的差异越来越小,而其世界性越来越显著,"全球化"发展的现实情况反映到人的意识中,便形成了全球意识。如果说,当代世界发展的整体化或一体化的客观事实是全球意识产生的现实基础的话,那么全球问题的凸现及人类解决全球问题的实践活动,则是全球意识的催生剂和强大的现实动力。全球问题的一个重要特点是超越国界、民族、文化、宗教和社会制度,任何一个国家,无论它多么强大,都无法单独解决全球问题。人类生存和发展的共同利益要求国际社会在全球问题的挑战面前同舟共济、通力合作,建立"新的全球伙伴关系",进行全球治理。这一切都对青年大学生产生了深刻的影响,强化了他们的全球意识,激发了大学生的责任感、使命感。

"政治全球化"从其主观性来看,更多地体现了对"经济全球化"进程的人为推进,这种推进往往与不公平紧密相连。西方发达国家把"政治全球化"的目的说成保障"经济全球化",这种看法并不全面,"政治全球化"还有更复杂、更深层的动机。这一切都强烈影响着青年大学生的思想,激发他们的民族责任意识和历史使命感。一方面,他们看到了中国的强大和发展,认识到中国的国际地位在不断升高;另一方面,国际上霸权主义、强权政治的存在,也使他们意识到中国的发展之路还很漫长。他们深切地感受到了自己所肩负的历史重任。青年,尤其是青年大学生,是一个走在时代前列的、满腔热情的群体,来自外部的"政治全球化"的压力,使他们认识到奋发图强、拼搏进取对于民族振兴的必要性,帮助他们正确认识和处理个人理想、自身价值的实现与国家利益、社会发展的关系,从而使他们以强烈的责任感和使命感投身于社会主义现代化建设事业。

"政治全球化"促使高职院校不断深化德育内容,拓展新的德育空间。高职院校德育的内容包括以马列主义、毛泽东思想、邓小平理论、"三个代表"重要思想、科学发展观和习近平新时代中国特色社会主义思想为主要内容的理想信念教育、爱国主义、集体主义、社会主义教育、国内外形势与政策、民主与法治教育,以及社会公德、职业道德、家庭美德教育,以使学生树立正确的世界观、人生观、价值观。在"政治全球化"时代,这些教育内容仍然是非常必要的,但必须根据时代发展的需要不断进行深化。而且,"政治全球化"现象对青年大学生的影响又给高职院校德育工作带来了许多新的课题和任务,促使高职院校德育不断拓展新的空间。

比如理想信念教育问题。在"政治全球化"时代,我们还需不需要理想信念教育呢?答案是肯定的。因为"经济全球化"是以民族国家为主体的,体现着国家阶级性、民族传统文化和价值观念。作为"经济全球化"的政治反映,"政治全球化"在本质上应是各民族国家为了维护自身利益而进行的政治互动过程。一个国家的政治优势无疑会有益于推动经济社会发展,各民族国家在国际政治上的所作所为都是为本国发展服务的,但强大的政治优势是建立在雄厚的经济基础之上的。发展中国家要克服"政治全球化"带来的消极影响,首先要发展经济。知识经济的兴起与发展是一个不争的事实。一方面,知识经济是以科学技术为支撑的,而大学生作为未来科技创新的主体,要想在科学技术上取得突破，没有远大的理想，没有正确的世界观和方法论做指导是很难实现的。另一方面，马克思主义是能够适应时代发展的。马克思主义是作为世界观、价值观和方法论而起作用的。社会的发展虽然在一些具体细节上超出了马克思主义的概括，但就总体而言，当代社会的发展在世界的统一性原理、世界的多样性论断、人类社会发展的规律性等问题上进一步证实了马克思主义的科学性，并为这一理论提供了更为丰富的例证和更加深入的说明。所以说，理想信念教育仍然是十分必要且重要的。关键是我们要把理想信念教育的内容看成一个不断发展开放的体系，不断地深化理想信念教育。"政治全球化"现象给高职院校德育提出了许多新的课题和任务。如何进行人权教育，培养学生树立正确的人权观念，如何引导学生正确认识人权和主权的关系，如何把全球意识教育与爱国主义教育统一起来，这些都在促使高职院校不断拓展新的德育空间。在这样的时代背景下，爱国主义、社会主义教育当然是必不可少的，关键是如何把爱国主义教育与时代特征结合起来，如何把爱国主义教育与全球意识教育结合起来。爱国主义教育是社会主义教育的基础，社会主义教育是爱国主义教育的升华。在"政治全球化"时代，社会主义、爱国主义仍然是大学德育的核心内容。爱国主义是一个历史范畴，不同时期具有不同的内涵。在统治者腐败无能、残酷剥削民众时，爱国主义就是揭竿而起，推翻腐朽政权；在政通人和、国盛民昌时，爱国主义就是拥护既定国策，立足本职，创造性地劳动；在国家遭遇外侮时，爱国主义就是维护民族尊严和国家独立。在"政治全球化"时代，爱国主义教育的重点就是激发青年大学生奋发成才、勇于创新的热情，以及充分利用自己的聪明才智强国富国的责任感和使命感。

（二）"政治全球化"给高职院校德育带来的负面效应

第一，"政治全球化"对青年大学生的消极影响。有人认为，"政治全球化"即西方国家希望建立的一统天下，并提出后殖民主义的看法，认为世界面临着后殖民化的危险。这种观点虽然并不能涵盖"政治全球化"的全部内容，但在"政治全球化"过程中，西方发达资本主义国家一直力图在全球建立西方的政治制度和以西方人权观为核心的价值观念却是一个无可争议的事实。建立在经济优势基础上的政治优势为其提供了条件。中国作为世界上最大的社会主义国家，成了西方敌对势力攻击的主要目标，这些势力凭借在"全球化"中的优势地位，利用经贸往来、文化交流等各种接触机会，加紧对我国进行思想渗透，企图利用"政治全球化"达到对我国"西化""分化"的目的。这会对青年大学生的思想产生深刻的影响，在激发大学生的责任感、使命感、爱国意识的同时，也往往会误导一部分学生，使他们盲目向往所谓的"民主""自由"，对人权问题的本质认识不清。此外，市场经济本身存在的弱点也引发了一些社会问题，这些社会问题会对青年良好的思想品德素质的形成造成极坏的影响。

第二，"政治全球化"对当前高职院校青年教师思想的消极影响。"政治全球化"现象，不仅对青年大学生产生负面影响，而且对当前我国高职院校的一些青年教师的思想也产生了一定的消极影响。高职院校青年教师中有相当一部分人对深层次的理论问题和热点问题还不同程度地心存疑惑和困惑。对于这样一个特殊的群体来说，存在这样的问题是不容忽视的，如果任其发展下去，将对当前我国高职院校的德育工作不利，进而对培养社会主义事业的建设者和接班人产生重大的不良影响。

第三，"政治全球化"淡化了高职院校德育工作的影响力。与"经济全球化"相适应，作为后起的第三世界国家，我们的社会观念当中"接轨"的呼声日益彰显，提出我国的经济文化发展应遵守一些合乎各国共同利益的办事规则、秩序和行为要求，与国际市场、国际贸易、国际文化交流、国际政治交往的合理标准、惯例相衔接。在这样的外部条件下审视当前我国的高职院校德育，不难发现"政治全球化"对高职院校德育影响力的挑战。

高职院校德育宣扬的最高理想与共同理想，更多的是社会本位的价值取向和唯物史观必然性的终极判断。它的实现具有长期性和曲折性的特点，这种长期性和曲折性是对人们的耐性与韧性的严峻考验。由于青年大学生自身素质的差异性，他们中一部分人可能会经受不住考验而在"政治全球化"的过程中迷失方向。

德育的主要内容是思想政治教育、品德教育、法治教育、纪律教育、心理教育等，本质上是具有民族文化思想特色的教育。由于我国历史上曾一度受到外国列强的侵略，"外国的月亮比中国圆"的意识积淀到了一些青年大学生的心理结构中，并潜移默化地形成了思维定式。在这样的背景下，"政治全球化"的消极层面削弱了高职院校德育的效应强度。

高职院校德育工作毫无疑问在过去的社会主义建设中取得了很好的成绩，发挥过无与伦比的作用，并且直至现在仍在发挥着巨大作用，形成了自己固有的一套传统习惯，包括工作模式和主要内容等。但在日新月异、飞速发展的社会生活面前，高职院校德育在体系创新、顺应时代方面终归有个渐次转向的过程，在某些方面又不可避免地存在着滞后性。如前所述，"政治全球化"现象是一个复杂的统一体，包含不同的发展趋势（西方政治扩张化、世界政治趋同化、政治权力在全球范围内分散化），这些不同趋势的共同影响，会造成一部分大学生方向不清，看问题只看表面，进而动摇理想信念。而高职院校德育的滞后性，使其不能对这种复杂的、不断变化的国际政治现象及时做出分析、判断，不能及时拓展德育空间、创新德育内容，使得德育内容在整体上与国际政治现象的发展变化实际差距甚远，削弱了高职院校德育的影响力。

五、"文化全球化"对高职院校德育的影响

有人认为，"文化全球化"就是现代西方文化在全球范围内的扩张。实质上，西方文化作为一种文化，在全球范围内的传播过程中必然会与其他民族文化发生交流与互动，同时也必然伴随着其他民族文化的传播。因此，"文化全球化"是指由"经济全球化"进程决定的，以文化传播为媒介，以各种不同文化在全球层面的交流互动为内涵的文化发展进程。可以说，"文化全球化"是民族文化全球化和全球化文化的整合过程。

虽然文化与经济、政治和科学技术等同属于构成综合国力的重要因素，同样具有生产力的性质和功能，同样在一个民族、一个社会和一个国家的发展中起着重要的作用，但是文化毕竟是文化，它有着区别于经济、政治和科

学技术的诸多个性化特征。在时代的发展与社会的进步中，在人类文明的历史进程中，它总是以自己特殊的方式发挥着特殊的功能。它的效能虽然不能量化，但却必不可少；它的存在及其所发挥的作用虽然在许多情况下是潜在的、无形的，但同时也是明显的和巨大的。一个人的思想、风貌、精神境界、道德情操、认识水平、智慧程度、创新能力，一个民族的灵魂和脊梁，一个社会的秩序、公正和良知，一个国家的文明程度和进取精神，一个时代的变革力量、开拓勇气、知识积储和道德素养等，都是文化及其作用形成的结果。特别是在现代社会中，文化的范围越来越广泛，文化的内涵越来越丰富，文化的功能越来越突出，文化的作用越来越巨大，乃至于被认为是经济发展的"大杠杆"、社会进步的"火车头"。人们越来越从经济发展和社会进步的实践中认识到：今天的文化就是明天的经济，而政治则越来越多地被文化融汇。在许多情况下，政治常常以文化的形式出现，并借助文化发挥其作用。正因为文化有如此大的作用，所以高职院校的德育工作必须积极应对"文化全球化"进程所带来的影响，这既关系到大学生自身的发展，又关系到国家的前途与命运。

（一）"全球化"浪潮中的"文化全球化"趋势

当我们以一种开放的心态迎接"全球化"浪潮的冲击时，我们面临的不仅仅是民族经济可能被西方经济影响的问题，还有一个民族文化在外来文化的冲击下如何生存的问题。按照"全球化"的概念，"文化全球化"本无可非议，文化间的相互影响、相互作用是古往今来的常理。各个民族国家都有被世界认同的、引以为荣的文化作为自身定位的资本。但在经济发展中，"文化全球化"主要存在谁被谁影响、谁向谁学习、谁被谁同化的问题，资本主义经济的发达决定了其在"文化全球化"中的地位。面对西方文化的冲击，我们可以吸取其优秀成分来打破民族文化的片面性和局限性，但如果把它塑造成一个神话，而视民族文化为敝帚，则是一个民族的悲哀。

（二）"文化全球化"对大学生价值文化的影响

所谓"大学生价值文化"（主要是指21世纪大学生的主导价值文化观），是指以伦理道德为底蕴，学会如何做人、做一个什么样的人和以时代潮流为背景，追求以自由、民主、平等、公平等理性要素为核心的价值理念体系。21世纪大学生文化价值观的内涵应包括两个方面：一方面是做人的标准；另一方面是现代化理念。在"文化全球化"的条件下，大学生思想开放度提高，他们处于一个空前开放的世界，其视野不再局限于周围的人和事，思想趋向更加活跃、自由和开放。他们很少受传统的束缚，乐于接受新事物、新经验、新观念，对待各种新鲜事物往往采取一种开放、包容的态度。他们比任何时候都关心国际形势的变化与发展，走向世界已成为当代青年的时尚。他们在看世界的过程中，开始深入了解西方文明，对改革开放和社会主义现代化建设的成就，以及对传统文化的积极意义和当代价值特征持肯定态度。然而，青年思想上的不成熟的一面，又使其在接触丰富多样的文化时难以把握正确的方向，体现为跳跃性和易变性等不稳定特征。由于社会经验欠缺、文化选择能力较弱、批判辨别能力不强，其思想极易受到某些煽动性宣传的干扰，从而陷入价值文化的"误区"。所谓大学生价值文化的"误区"，是指大学生在民族文化全球化和全球化文化形成的过程中对文化价值理念认同的障碍。其主要表现为两种类型：一是虚无的全球主义价值观；二是机械的西方主义价值观。

虚无的全球主义价值观是一种极端的文化价值理念，它过分强调、夸大全球化文化或世界历史性资源的普遍性功能，淡化、缩小民族文化或区域本土文化的特殊性功能。持这种文化价值观念的人主要是把"文化全球化"等同于文化国际化。例如，在法治文化方面，有的学者认为"法律全球化"就是全球分散的法律体系向全球一体化的运动，是全球范围内的法律整合为一个法律体系的过程，而且这一运动过程的结果将产生真正的全球法或世界法。如果这种法治文化理念成立的话，那么国家与法的关系，以及法与阶级的关系将逐渐走向消亡。既然国家与阶级都不复存在，全球意义上的"法"又何从说起呢？显然，这种观念是一种悖论。可以说，大学生的虚无的全球主义价值观产生的土壤就是这种悖论。它不仅表现在法治文化方面，而且表现于知识、信仰、艺术、道德、习俗等文化理念之中。因此，文化的全球化并不等于文化的一体化，它是民族文化丰富和发展的必然途径和良好机遇，在"文化全球化"的浪潮中，不仅不会消解全球化文化中的民族性，反而会逐渐壮大民族性。即使是开放化程度最高的国家，也不可能完全没有本民族的痕迹。

机械的西方主义价值观主要是对"文化全球化"的主体认同的障碍，把"文化全球化"等同于西方文化，认为"民族文化全球化"的目标就是向西方文化看齐，以西方文化为标准，西方文化的形成和发展就是"文化全球化"的形成和发展。并且认为"全球化"就是资本主义化，是资本主义的一种新的形式或新的发展阶段。这种观点的逻辑是"全球化"主要表现为人类价值的共同化和普遍化，西方国家的价值代表着人类的共同价值，所以"全球化"也就是西方化。这种文化认同理念在部分大学生的消费文化上体现得较为明显。因为消费文化是社会文化中最活跃、最敏感的部分，它紧密联系着经济与文化，鲜明地体现着"全球化"浪潮对于一个民族经济与文化的影响。大学生群体消费文化的"西化"趋势不仅仅表现在物质文化领域，精神文化消费领域也是如此。比如，大学生热衷于过圣诞节，情人节会给女朋友买鲜花。而商家更迎合这种社会心理，制造商机。一些大学生对于西方电影的偏好也体现出这种错误的文化认同理念。当然，这与大片制作手段的高科技含量有很大关系。其实，有些大学生对于西方消费文化的追求是盲目的。如有些大学生热衷于摇滚乐，而实际上摇滚乐是对在经济高度发展的社会中人性受到压抑的一种宣泄，这是在特定的文化背景下形成的。而中华民族深厚的文化底蕴及经济发展程度决不致使"性与暴力"成为社会问题的主要方面。"文化全球化"的过程是一个复杂的过程。东西方文化价值的矛盾是客观存在的，也是不容回避的，但是片面地强调西方的文化价值观而看不到东方文化价值的优势或传统文化精粹，以及东西文化的和解及共同发展，甚至将西方文化价值体系的形成说成先天的、永恒的、无可同化的，就会使人盲目地排斥民族文化精粹、摒弃民族文化精神，容易把自己变成西方文化中心主义的附庸。这些都应该引起高职院校德育工作者的重视。

（三）"文化全球化"对校园文化建设的影响

第一，校园文化的功能。校园文化是社会主导文化的亚文化，它具有社会主导文化的一般性特质，是社会主导文化的组成部分之一。同时，它还具有相对独立性。校园文化对学校教学、人才培养具有非常重要的作用，校园文化建设是高职院校德育工作的一个组成部分。随着"文化全球化"时代的到来，各种西方文化思潮及其价值观念的冲击也越来越强，从而增加了人才培养的难度，这一切无疑进一步显示了校园文化的重要性。加强校园文化建设对于做好新时期高职院校德育工作具有重要的现实意义。

第二，校园文化的本质。校园文化是学校这个群体全部存在方式的总和，包括校园物质文化和校园精神文化。校园物质文化是体现一定的价值目标、审美意向的物态文化，是富有教育内涵的人文环境。校园精神文化是建立在社会主义生产关系基础之上的，在教育教学过程中产生，与学校管理者直接联系的校园主体（师生员工）的意识形态，以及与之相适应的规范制度和组织形式。校园精神文化直接影响学校的办学方向和活动方式，制约学校的全部教育教学活动，因而是整个学校最基本的文化背景。校园物质文化和校园精神文化的划分是相对而言的，它们往往相互交叉。从根本上说，校园文化是一种育人的氛围。各种形态的校园文化虽然各有侧重，但最终归结为培育人才、全面提高教育者和被教育者的思想政治水平及业务素质。由此，可以认为校园文化的本质是人才化。也正是从这个角度来说，校园文化建设是德育工作的重要组成部分。

"文化全球化"时代的到来，给人们的文化交流带来了诸多方便，同时也产生了新的文化教育的不平衡与矛盾。我们的校园文化正面临着国际化、多样化、个性化、开放性与创新性等方面的挑战。

第一，国际化——西方文化的冲击。经济科技的"全球化"促进了教育的国际化发展，我们可以更加方便地了解世界上其他国家的文化教育，并吸取其中先进的东西。同时，我们也看到，"全球化"给校园文化的发展带来了一系列的问题。在教育的国际化过程中，占据主流地位的往往是来自发达国家的知识、技术观念、思维方法，而我们往往用这些知识和观念来培养本国的新一代人才。这一过程很容易使校园文化传统处于西方的文化霸权之下，从而使校园文化逐步被扭曲、削弱和淡化。这是一种长期的、难以弥补的损失。

第二，创新与求真——时代精神的冲击。"文化全球化"时代也是一个知识经济兴起的时代，科技创新是时代前进的动力，一切有利于科技创新的精神都将被倡导，与科学精神相关的价值观念和思维及行为方式也将受到广泛的关注。这些与校园文化中的传统的人文精神和传统的思维方式、价值观念必然会产生某种冲突。"全球化时代"的网络化为各民族国家的文化在全球层面的传播提供了便捷的途径，使大学生的价值观念、行为方式、思维方式等受到了巨大的影响，如当代大学生的思维方式、价值观念呈现出多元化趋势等。这些都要求校园文化更多地鼓励学生的个性化发展，增强创新创业意识和能力，尽可能地发挥每个人的特长，根据自身的优势和对社会的认识来发展自我、完善自我，同时帮助学生树立正确的人才观念，充分发挥其育才功能。

第三，传统观念变革——校园文化二重化特征。市场经济会引起人们价值观念的变化。社会价值观念的变化必然会引起新旧文化之间的冲突，从而造成文化上的分裂，使校园文化呈现出明显的二重化特征。一方面，校园文化主体长期受传统文化观念的影响，在新文化的面前依恋旧文化；另一方面，新文化随着科技的日新月异而不断产生，它顺应了时代发展的新要求，人们又希望接受这种新文化。这种文化冲突的实质是传统价值观念与现代价值观念的矛盾。在这种冲突面前，传统校园文化面临着文化价值观念的革新与转变。

第二章 高职院校德育课程实践教学的基础知识

第一节 高职院校德育课程实践教学的方针

一、为什么要提出德育实践教学方针

鉴于目前高校德育的丰富性、道德精神的延展性和动态变化性，需要给德育教师一个简洁易行的德育实践教学的指导方针，促进德育实践教学由浅入深、由表及里地得到贯彻落实，促使德育思想在贯彻实践的同时，上升为刻骨铭心的道德精神。因此，提出了"以身作则，循循善诱；知行合一，循序渐进"的德育实践教学指导方针。

二、德育实践教学方针及内涵

（一）以身作则，循循善诱

在德育过程中，德育教师自身就是一个充满情感的、鲜活的德育教育资源，教师在讲台上的所有举动会被学生尽收眼底。教师衣着得体、举止优雅、谈吐文明、落落大方，就能很快被学生接受。教师在各类活动的组织过程中身先士卒，学生就能紧跟其后，积极开展工作；教师在活动中指手画脚，说完就走，学生则随后就散。在班级和学校的层面上，学习似乎由于社会规范而得到强化，这种社会规范重视对理解的探求，给学生（还有教师）为了学会而犯错误的机会。因此，学校德育以德育理论课程为主渠道，师生的德行培养在于校园日常生活，包括教师在学生面前的所有言谈举止。在德育建设中，应该允许教师犯错误，人类就是在无数次失败中获得进步的。

在"四德"（家庭美德、职业道德、社会公德、个人品德）中，家庭美

德的学习主要是看父母，周围的人也会对孩子产生影响。职业道德的学习有多方面，在学校可以看老师，在社会可以看家长（家长对子女的道德影响是终身的），在单位可以看同事。在社会上，学生受社会环境的影响很大，整个社会风清气正，正能量得到张扬和扶持，就会引导人们树立良好的社会公德。而个人品德建立在以上诸多方面的德育学习大环境的基础之上。

因此，教师以身作则是德育实践教学能够扎实开展的前提和基础。高职院校教师面对的学生生源不同，复杂的生源决定了德育教师面临着较大的德育挑战。在德育理论教学中，由于基础知识参差不齐，有的学生"吃不饱"，有的学生"吃不下"，但在尝试的德育实践教学中，二者能得到相应的弥合。在某些时候，那些在理论教学中"吃不下"的学生，在实践中能展示自己的天赋。面对这样的情况，德育教师可做出引导，对于理论方面"吃不饱"的同学，在作业命题中给出更能展示学生德育主体思想的命题。例如，在入学之初给出"我的大学"或"入学印象"命题，在入学一段时间后给出"我的同学我的班"或"我心目中的和谐校园"命题，在学到家庭美德时给出"我的家乡我的爹娘"命题，等等。目的之一是了解学生进入学校新的生活和学习环境后的基本情况，学生在作业中很坦诚、很直白地表露着各自的心迹，有高兴的、有抱怨的、有迷惑的、有懊悔的、有委婉的、有直白的，德育教师从作业的字里行间咀嚼和体会学生的心态，也品味和甄别每位学生的基础知识差异，通过作业批注的方式与学生沟通，传递出一种友爱、友好和关心、关注的信息，作业成为德育教师与学生进行心理沟通、知识提升、思想火花碰撞的一个交流平台。目的之二是了解学生入学一个阶段后，融入新的生活环境、新的班集体和新的同学氛围的基本情况，学生由于第一次作业得到教师认真批注、认可和褒奖，能够更加真诚地吐露心迹。教师面对学生五花八门的思想状态，对于个性的、不便于在班级点评的作业，可通过作业批注的方式与学生交流，必要的话，可以约谈学生，解决学生的思想问题；而共性的问题，可在课堂上通过作业点评的方式解决。新生入学的第一个学期，快速而自然地融入新的学习和生活环境十分重要，如果在这些方面不能加以引导，对于都是独生子女的学生来说，学生之间不能友爱、友好地相处，会埋下恶性隐患。人与人之间不相融合,一天或一周,甚至一个月可以忍受和忍让,当让处在青春期的、在家拥有独自生活空间的学生,瞬间打破原有的独立生活空间,融入一个相对拥挤的空间时,他们需要有接受彼此的心理调适和准备。德育教师通过教学、布置作业的方式进入学生关于这个问题的心理空间,在了解的同时,弥补了这一课,实践证明这种方式是很有效的。目的之三是了解学生家庭的基本情况。布置以"我的家乡我的爹娘"为主题的作业,教师已经考虑到或许会伤害到处于单亲家庭或者失去父母的或更加复杂的家庭中的学生的心理,但人生必须学会面对,任何回避都是暂时的躲避,能直面人生的学生才能健康成长。该类作业使教师更加深入地了解了学生的家庭背景,对需要心理安抚的学生可以精心地做出作业批注,学生需要的话,可以个别交流。

德育教师的理论知识教学固然重要,但德育的真谛是教给学生一种德育思想、德育思维方式和德育思维能力,而非德育理论知识自身,至于德育理论知识自身是个"非常道"的东西,需要人一生在社会生产和生活实践中循序渐进地品味,逐渐地认识、提升。因此,道德的"修",无论是在家庭、学校还是社会,都是有阶段性的,但道德的"养"需要一生的过程,"修"而不"养"则难"成",养成是一个过程,养成了,则成功、成才、成人。因此,德育教师的"教"不同于其他教师的"教",课堂上,教师的言行就是一种极佳的教具,教师以身作则,精心组织教学,细心批注作业,在三尺讲台持之以恒,对教育事业脚踏实地、忠心耿耿,热爱和尊重学生,学而不厌,诲人不倦,由表及里,由浅入深,循循善诱,自然而然就能取得良好的德育效果。

（二）知行合一,循序渐进

明代思想家、教育家王守仁的思想中,典型的是知行合一。知行合一是一种境界。知行合一学说的出现,是中国哲学最后一次整合的标志,它完成了从隋唐以来儒道释三家思想融合、超越和升华的历史使命,使理学体系达到了顶峰。知行观是中国哲学中出现较早、贯穿于认识论的一种重要理论。"知之真切笃实处即是行，行之明觉精察处即是知。""知"有知识、认识的意思，强调人的活动是有目的、有意识的，即王守仁所说的"致良知"。要使人的主体与客体联系起来，则要"求理于吾心"，即"知行合一"，做到身体力行，知一行一，知行转化，以达统一。王守仁认为，知和行是不能分离的，知是行的主意，行是知的工夫，知是行之始，行是知之成。

从哲学上看，"知"属于认识的范畴，是主体对客体观念的把握；"行"属于实践的范畴，是主体对客体的物质活动。辩证唯物主义认为，实践是认识发展的源泉和动力，也是认识发展的最终目的和最高归宿，而认识又反过来指导实践，为实践服务，对实践产生重大影响。在知行关系上，教育家陶行知很清楚地指出，知来源于行，又指导行。这句话中的后一个"行"是指有理论指导的"行"，是达到更高境界的"行"。就德育而言，需要从"源于行"的"知"入手，进行由浅入深的教学研究和探索，才能将"源于行"的"知"给学生讲透、讲深、讲明白。因为，所有的"知"都建立在人类社会长期的社会生活或生产实践的基础上，是一个"实践—认识—再实践—再认识"的循环往复的过程。如果背离了"实践"，直接进入对"知"的认识，原本鲜活的教学过程就变成从书本到书本、从理论到理论的机械且枯燥的过程了。人无完人，集各种优秀品质于一身的人是不存在的。但学术造诣是德育教师应该不断学习和丰富的，同时，学生对德育教师的人格魅力需求，说明了德育教师的知识造诣、人格魅力、责任感和教学能力本身就是一种德育教育资源的判断的准确性，这种教育资源具体、鲜活且生动地体现在教师的言行中，根深蒂固地影响和教育着学生。教师的"行"是学生的一面镜子，而学生的"行"也是教师的一面镜子，在德育教师抱怨学生的时候，反映的是教师教学过程的问题。在这方面，从高校进行的"知行"讲坛、专业课实践教学融合学生职业素质教育、辅导员的班级管理和学生社团活动，以及德育实践教学的探索等效果来看，绝大部分学生对学校安排的各类有针对性的专题讲座给予了肯定，并希望多开设这些方面的活动；认为专业课实践教学融合职业素质教育的方法可行，对自身教育深刻；对辅导员的班级管理量化赋分和围绕专业进行的企业化班级管理等德育实践尝试给予肯定；对德育教师利用网络对热点、焦点问题进行案例分析和课堂讨论的方法给予肯定。

"知行合一"中的"知"是前提,"行"是落脚点,从"行"入"知",从易到难,由浅入深,方得真知。由"知"到"行"需要一个过程,这是一个需要精心传递、耐心培育、循序渐进的过程,是一个对"知"的逐渐学习、体会然后行动的过程,不能有半点的虚伪和急躁,没有便捷的路径可走。因此,需要高度重视德育过程中"循序渐进"的重要意义,德育建设无论是师德建设,还是大学生德育,都不能搞"一阵风"教育,家庭、学校、社会都需要坚持不懈,常年观察和引导。就家庭而言,家长是孩子的第一任德育教师;就学校而言,每位教职员工都是学生眼中的老师,不论是教辅人员,还是工勤人员,尤其是在学生刚入学的时候,面对全新的生活、学习环境,学生会先入为主。例如,学校的卫生环境很好,学生就"不好意思"随地乱扔果皮纸屑。反之,就会出现"破窗效应",当管理不能及时跟进时,会形成问题很多、积重难返的被动局面。因此,学校德育应从大处着眼,从小处入手,循循善诱,循序渐进,认真分析学生在学校学习的每个阶段的性格特征和家庭生活及背景等实际情况,因人而异,因材施教,精心细腻地制订每个阶段的德育计划,并切实抓好落实。一个好的品格的养成需要一个很长的过程,一个人做一件好事并不难,难的是一辈子做好事。在《左传·昭公十年》中也提出过"非知之实难,将在行之",说的就是这个道理。因此,需要用"不积跬步,无以至千里;不积小流,无以成江海"的道理引导德育教师成为有耐心、有学术造诣、有人格魅力、有使命感和责任感、有教学能力的受学生欢迎的教师,引导学生"勿以善小而不为,勿以恶小而为之",努力追求知行合一的学习和生活意境,在人生的每个阶段都能自省、自勉、脚踏实地、慎终追远,成为有修养意识、有学习能力、有职业素质、有责任担当、有理想、有道德、有益于人民的人。因此,德育不是教师的德育,需要从家庭就开始培育孩子的道德意识和德行,在学校则需要全程德育、全员德育、全面考核,从而使学生知行合一、循序渐进、全面发展。

三、德育实践教学方针的延伸性与拓展性

马克思提出："人的本质并不是单个人所固有的抽象物，在其现实性上，它是一切社会关系的总和。"马克思主义关于人的本质的科学表述，说明了人的本质的社会性和综合性。每个人从出生起就受到生长环境的影响，也打下时代的烙印，无论是人的素质的全面发展，还是人的能力的全面发展，都离不开社会大时代和大环境的影响。因此，德育实践教学也不能背离这个方向。德育实践教学中的两个主体是教师和学生，他们的学习、生活和教学都是在开放的状态下进行的，这是由进步的社会经济、高科技的通信手段和发达的网络形成的。高科技是一把双刃剑，它在丰富教学手段和教学方法的同时，也让无数师生陷入网络结成的"玫瑰陷阱"。作为教师，在网络世界中走进去出得来，能摄取大量的知识，获得丰富教学内容和方法的宝贵资源；走进去出不来，就会被卷入信息网络的旋涡中。作为学生，如果没有自省、自觉和自我节制的意识，走进去出不来，就会沦为"网虫"，甚至会有极端的行为。

德育实践教学的最终结果必然是要走向社会生产和生活，教师必须建立开放的视野，对学生的德育，向前要追溯到学生的家庭和家长，全面把握学生在校期间的生活学习和身心健康；向后要贴近社会经济发展、科技进步等，做好教育和引导的全面策划与科学设计。做好策划和设计的前提就是要了解社会，这就要求教师建立终身学习和终身修养的自觉性。为什么需要终身学习？因为社会经济发展迅速，网络的发展不可阻挡地渗透到我们每个人的生活中，网络的飞速发展，真正实现了"上下五千年，弹指一挥间"，尤其是在每个人都成为新闻发言人的自媒体时代，待在家里就能运筹帷幄，对于教师掌握的情况，学生也能同时掌握，教师与学生常常会就同一个问题产生思想认识的碰撞，教师只有掌握相关知识的更多边缘知识，才能就同一问题和学生充分展开讨论，让学生在网络世界里走进去，也能及时抽身跳出来。

在开放的国度、开放的时代，在多样化和多元化的社会经济生活中，各种社会思潮不断地充斥和撞击着人们的精神世界，不断地调整和改变着人们

的思维方式，教师首先要提升的能力就是能够清醒而勇敢地走向社会，只有这样，德育实践教学才能向社会延伸和拓展，这是德育教学时代发展的必然和特征。同时，教师还要有在开放的社会中筛选有效教学素材的能力，掌握学生关注和聚焦的社会问题，结合德育课程进展情况，将问题与教学计划有机地融合，通过对教材的深刻把握，通过案例分析或师生共同研究的方式将问题说清、道理说透，有必要的话，可以给学生留出继续探索和研究的空间，但这种探索和研究是在教师的正确引导下进行的有正确方向的研究。

综上所述，德育理论教学的时（空）间是绝对的，有一定的教学课时，有一定的教学地点，如在教室或讲堂等；而德育实践教学的时（空）间则是无限开阔的，可以通过学生在校生活、学习的任何角落体现出来，通过各类活动，锻炼师生的协调、组织等方面的能力，观察学生的纪律与文明情况，观察学生友爱互助和协作等方面的能力；思想道德修养的时（空）间更是无限的，从人出生时的家风影响开始，一直到步入耄耋之年，甚至死亡才能盖棺定论。不仅如此，像孔子等有思想的人还能为后人留下"学而时习之，不亦说乎""学而不思则罔，思而不学则殆""温故而知新，可以为师矣"等论述，他们的思想光辉照耀中华民族千秋万代，最美教师、最美村官、最美乡村医生……在美丽中国，代代相传，生生不息。

四、德育实践教学方针指导德育实践教学研究的可持续性

"以身作则，循循善诱；知行合一，循序渐进"的德育实践教学方针，对德育实践教学研究具有一定的指导意义。充分地考虑德育教学过程中的两个主体，在后现代教育思潮的影响下，人们常对两个主体中何者为先的问题产生纠结，在德育实践教学方针中，则明确地将教师的"以身作则"作为首要问题，这也同时确立了教师在教与学两个主体中的主导作用。尤其是在目前的德育教学课程安排上，《思想道德修养与法律基础》教材在第一节中就设计了大学生要"适应人生新阶段"的一系列入学教育，该门课大部分都放在了新生入学的第一个学期授课，这样的设计是很科学、很合理的。目前的大学生大部分是独生子女，个性强，但个人处理生活的能力不强，大部分学

生在家时都有自己独立的生活学习空间，与他人的融合能力需要及时加以调适和引导。大学生的学习方式也发生了很大的变化，从小学到高中毕业，在学习和生活方面的家长与教师的全程关注模式突然没有了，"解放"后的学生有的还找不着北，如果不及时引导就容易彻底地"放松"到"网络世界"中而不能自拔，这样的案例是不鲜见的。这个阶段的学生有的因为生活自理能力较差，但一切又需要自己打理而焦虑，有的因为陌生的集体环境而纠结，有的因为宿舍中的集体生活或起居的生物钟差异而无奈，也有的因为面对全新的生活学习环境而不知所措。因此，入学第一个学期，尤其是前 1～2 个月对学生的必要关注和及时引导是十分重要的。德育教师此时适时地出现在学生面前，一个好的、优秀的德育教师应当理解此时自己的身份，是一名教师，但又不仅仅是一名教师。因为，此时的德育教师犹如一盏灯，高度决定了能顾及多少学生的感受，深度决定了能否进入学生的内心世界，教师的宽容随时都在调适着学生的心态，言谈举止直接反映着教师自身的道德修养、职业素质和职业素养，教师按时、文明、有节地缓缓进入教室，与学生从如何适应大学生活开始娓娓道来，学生的心就瞬间被教师抓住……德育教师所肩负的责任和义务是法定的，是从中央到地方各级政府都高度重视的，更是由教师自身的使命感和责任意识决定的，是最不敢、最不能放松和懈怠的职务。职责和义务是紧密联系在一起的。教师在道德修养方面是学生的一个正面的、直观的、明亮的镜子，用不友好的眼睛扫视学生，学生就会以不屑的眼光做出回应；教师热爱本职工作，满腔热情、温文尔雅、文明有礼地对待每一位学生，他们也会以文明有序的课堂秩序回馈教师；当异地的学生初到新的学习生活环境时，教师心里装着学生，会在温差大的时候提醒学生注意增减衣服，学生反馈给教师的则是关心和爱戴，如节日的问候等。反之，学生也是教师的一面镜子，在教师抱怨自己的学生课堂纪律有问题、不尊重教师、作业不认真的时候，教师需要用逆向思维的方式反思一下自己的言行，是否严格遵守了课堂纪律、按时上下课，是否尊重和爱护了自己的学生，是否认真地对待、关注和批注了学生的作业……这种关爱和被关爱如同力学中的作用力和反作用力，是有付出才会有回报的。因此，教师要以身作则，在把握德育理论教学的同时加强自身的修养，让"知行合一"的道理首先体现在自己的言行和教学过程中，然后再去教育、引导学生，德育就是一个自然而然的过程了。

"学而不厌，诲人不倦"，在一个优秀的德育教师眼中，"学而不厌"不是针对学生的，而是直面教师自身的。在科技和经济社会迅猛发展的今天，知识大爆炸是众所周知的，无论是学生，还是教师，都应当是"学而不厌"的主体，此时的教学主体是同位的，教师肩负着时代赋予的教育使命，必须有终身学习的自觉性，经济社会发展越迅速，越需要学习，这是教师的义务和职责。而学生的学是在教师主导下的学，教师的终身学习意识确立了，就会关注社会焦点和热点问题，紧扣教材主题，言传身教地和学生一起进行探索和研究，寓教于学，教学相长，相得益彰。所谓"循循善诱"，是建立在"诲人不倦"基础上的。一名优秀的教师是在良好的家庭、学校和社会教育氛围中渐渐形成的，教师要有爱心、细心、精心，还要有耐心，持之以恒，经年累月，必将赢得研修的成果，而最大的成果就是学生对德育课程的认可。

面对纷繁的社会经济生活，德育教师要坚守自己的底线——以身作则，发挥教师的德育主导作用。因此，德育教学无论是理论教学，还是实践教学，都要求教师具有慎独的意识，建立崇高的道德情操和道德精神。在德育教学过程中，德育教师要时刻牢记党的教育事业宗旨，在教学的全程都要言行谨慎，恪守师道和师德。为师之道在于为学生解惑释疑；为师之德在于忠于职守，忠于党的教育事业，以个人崇高的精神境界和文明的言行，引导学生沿着中国特色社会主义道路健康发展。现实社会生活中，媒体频频曝光一些道德问题，展示在师生面前的是社会客观存在的问题，也是德育教师结合教材进度，把握问题，循循善诱地引导学生逐渐走出迷惑，建立正确世界观的能力问题。德育教师自己要明白，同时也要让学生明白：目前，我国的经济社会在经济迅速发展的同时，应当相应地健全法治，实现法治，由于德与法密切相关，因此还应密切关注社会科技进步、经济发展和人类生活多元化带来的道德问题、社会问题、人们的心理健康问题等。因此，对于社会频频曝光的一些道德问题，德育教师不能同其他人一样，人云亦云地将一些社会问题、心理问题和法治问题一股脑地简单归咎于道德问题。德育教师应该有独立的辨析、分析和研究的能力，必要的话，可对发生的、学生关注的同一问题进行分析和研究。

总之，德育教师应当清醒地意识到，社会经济生活中频频曝光的道德问题也是社会进步和发展中自然生成的问题，是发展中的问题。能够意识到问题并被媒体提出来就是一个社会的进步。改革开放以来，在社会经济迅猛发展的同时，人们的竞争压力、工作压力、社会压力越来越大。近年来，随着城市化推进，很多新社区落成，公民入住，社会建设和管理面临着一些新问题。社会媒体对道德问题的关注和讨论，恰恰体现了一种社会责任。正如约翰·杜威（John Dewey，以下简称"杜威"）所言，社会对于教育的责任便是它的至高无上的道德责任。通过法律和惩罚，通过社会舆论的鼓动和讨论，社会就会以一种多少有些机遇性和偶然性的方式来调整和形成它自身。但是通过教育，社会能够明确地表达自己的目的，能够组织自己的方法和手段，因而明确地和有效地朝着它所希望的前进目标塑造自身。[①] 社会媒体对社会发展进程中的道德问题的关注和披露，恰恰又是社会公共道德和社会文明的一个进步。在开放的国度和多元化的经济生活背景中，如果媒体对于类似的社会问题和道德问题麻木不仁，才是一个社会的悲哀。

由于社会舆论对道德的监督和制约机制，很多社会问题经常以道德的形式通过舆论的手段展示给社会，极大地丰富了德育理论和德育的社会生活实践教学的内容，德育教师要在德育实践教学过程中，紧密联系社会生活实践，结合学生的德育实践教学，进行深入的、科学的辨析、分析和研究。因此，广阔的社会德育内容和丰富的德育实践教学平台，必将为德育教师的德育实践教学研究提供开阔的视野，也必将引导学生在逐渐深入各类问题的实质后，获得道德精神的真正体验。

在整个德育实践教学中，教师是一面镜子，也是一个靶子。教师是镜子，所以学生能从教师身上看到自己的影子；教师是靶子，如果不能遵守师德、

---

① 约翰·杜威. 学校与社会·明日之学校 [M]. 赵祥麟，任钟印，吴志宏，译. 北京：人民教育出版社，2005.

恪守为师之道，必将引起学生的不满而成为被嘲讽的目标。因此，"己所不欲，勿施于人"，要培育理论与实践有机结合的高等职业院校的学生，教师自身必须首先进行知行合一的自我完善，在德、智、体、美方面完善自己，要具备完善的教学能力，建立终身学习的意识，与学生一起学习，一起成长。尤其是德育教师，只有建立师生互为人师的意识，才能和学生融为一体，不断地在社会生活中汲取道德精神的养料，不断地加强自己的教学能力，提升自身的教学水平。只有在此基础上，教师的教学才能让学生感到"好吃"，才能让学生"吃饱"，所谓的"循序渐进"才能最终实现。

第二节　高职院校德育课程实践教学的原则

现在的人由于掌握了知识和科学法则，开始能够控制自然过程并且能够对它们担负起责任。在现代社会，今天的新人已经在领会、认知和理解这个世界了，他们已经具有了必要的技术，可以根据自己的利益合理地影响这个世界，用物质产品和技术结构丰富这个世界。所有这一切说明，人已经成为自己命运的潜在主人，这有两层含义：一是人只能成为他自己命运的主人，而非他人命运或大自然命运的主人；二是人只能成为他自己命运的"潜在主人"，而非完全意义上的"主人"，作为社会人还受到一切社会环境等方面的制约。但若掌握了知识和科学法则而开始能够控制自然过程的人，没有社会进步和人类社会发展需要的道德认知，就不能够对它们担负起责任，所以科技越发展，人的道德认知的培养越重要。因此，德育是在人的一生中都需要不断完善和培养的重要内容。如果说，加强人的个人修养属于道德自律范畴的话，那么制定德育实践教学原则，可以完善和丰富德育教学内容，使道德的理论教学和实践教学成为德育教学的两翼，对提高德育教学实效性有着重要的作用。鉴于目前德育教学课时少而内容丰富的客观性，需要对德育实践教学进行基本原则的约定，以规范德育实践教学向健康的方向发展。

一、制定德育实践教学原则的依据

制定德育实践教学原则的依据是国家的法定性和党的政策的规约性。首先，我国任何政党和社会组织及武装力量都必须在宪法和法律规定的范围内活动。作为高等职业教育，所有教学管理的依据是由国家制定的、与教育相关的一系列法律法规，我国以法律的形式规定了高等教育必须贯彻国家的教育方针，为社会主义现代化建设服务，与生产劳动相结合，使受教育者成为德智体美劳全面发展的社会主义事业建设者和接班人。高等教育的任务是培养具有创新精神和实践能力的高级专门人才，发展科学技术文化，促进社会主义现代化建设。高等职业教育既属于高等教育范畴，也属于职业教育范畴。就职业教育而言，国家通过法律的形式给予了明确的规定，并寄予厚望。职业教育是国家教育事业的重要组成部分，是促进经济、社会发展和劳动就业的重要途径。国家应发展职业教育，推进职业教育改革，提高职业教育质量，建立健全适应社会主义市场经济和社会进步需要的职业教育。实施职业教育必须贯彻国家教育方针，对受教育者进行思想政治教育和职业道德教育，传授职业知识，培养职业技能，进行职业指导，全面提高受教育者的素质。作为高等职业院校，既要严格执行国家高等教育赋予的法律义务和责任，也要建立健全职业教育需要的职业知识、职业技能，还要进行职业指导。既要培养大学生的专业知识和技能，还要培养大学生的职业道德和职业素质；既要进行大学生的就业指导，也要对大学生进行创业精神的培育和引导，引导高校大学生建立热爱劳动、劳动光荣的意识，使大学生的学习能够理论联系实际，做到知行合一。

其次，高等教育的目的是为中国特色社会主义事业培育德智体美劳全面发展的社会主义事业的建设者和接班人。我党历来高度重视大学生队伍建设，制定了一系列规章制度以引导、规范大学生的思想政治工作和德育建设，始终如一地坚持中国特色社会主义办学方向。高等职业教育既要赋予大学生相应的高等职业专业知识，也要给予大学生相应的高端技能。因此，教师既要具备专业理论知识和理论教学水平，也要具备与专业相关的高端实践操作技能，提高实践能力。知行合一，理论与实践相结合，是高职教育的典型特征。如果德育只重视理论教学，相对于社会这个大舞台，教师在教室这个方寸之地，即便利用了网络知识、多媒体教学，采用了教学互动、因材施教、第二课堂教育的专题讲座等形式，依然没有走出从小课堂到大讲堂的理论教育模式。没有德育实践教学的德育，如同鸟儿失去一个翅膀，折了羽翼的鸟儿难以展翅飞翔。因此，德育实践教学是高职教育必须建立并要不断充实和完善的重要的德育内容。建立德育实践教学原则，能有效地规范德育实践教学的探索，少走弯路。

二、德育实践教学原则及内涵

由于德育实践教学尚处在摸索阶段，根据多年的德育教学和学生管理情况分析，可建立准确定位原则、系统整合原则、知行合一原则、教学互动原则、因材施教原则、遵循自然原则、终身修养原则、社会参与和反哺社会原则、全员参与和全面发展原则。

（一）准确定位原则

多年来，由于社会经济生活的多元化，道德问题也不断出现，引起社会对学校德育的问责。因此，高校要准确定位德育实践教学的作用和适用范围。这里涉及三个方面的问题：一是要对高校德育的时空局限性有清醒的认识；二是对德育实践教学的定位要符合学校教育实际；三是要充分发挥高校专业实践教学面向社会生产一线这个平台，做好德育实践教学的系统规划。首先，只有对高校德育时空观有科学的认识，才能把握时机，将德育实践教学适度地向学生家庭、社会延伸。由于学生在校时间是有限的，而人的道德建设是由环境因素决定的，有着极大的变动性，因此学生在学校每个层次的德育都不能放松，而目前从小升初、中考到高考，中小学生客观上持续、长时间地面对着升学压力，德育被边缘化了。家长更重视学生的艺术技能培养、特长训练和成绩，学校也较为关注升学率，在这种状况下，高校德育成为学校德育的终点站，倍受社会关注。但高校德育不能人云亦云，必须对自己的德育局限性有客观的认识，并积极探索，突破教育时空的限制，如与学生家长接洽，让学生家长参与到学生家庭美德、职业素质和社会公德等内容的教育上来。对于学生的德育教育，家长有着不可推卸的责任，家长参与德育教育可以极大地拓展德育空间，延伸德育时空，丰富德育内涵。其次，无论社会如何喧嚣，对高等教育的德育要有冷静的判断，尤其是对社会上出现的道德问题，要冷静地分析和研究，弄清是道德问题还是法律问题，是社会问题还是心理问题……总之，要保持冷静的和理性的分析与判断，才能引导学生正确认识和把握问题的实质，而非片面地一边倒，引起不必要的思想混乱。最后，要发挥高校专业课实践教学面向社会生产一线的优势，将德育实践教学与专业课实践教学有机融合，让专业学习与德育理论学习融合在一起，在巩固理想信念教育的同时，提高专业课学习的主动性和自觉性，在加强专业技能的同时，加强学生的职业道德和职业素质教育，真正做到德能双修、和谐发展。因此，高校德育实践教学的准确定位是非常重要的，定位准确能收到事半功倍的效果。

（二）系统整合原则

以往的德育与专业课教学是相互剥离的，似乎德育就是德育教师的德育。如今很多高校的德育在专业课方面进行了渗透。原本这也是自然而然的事情，但不合理的课程安排却将德育与专业教学机械地分裂开来。讲专业的只顾讲完专业教学计划就行了，至于学生的学习主动性、课堂纪律、是否热爱本专业等，似乎都是德育教师或辅导员的事情。因此，高校德育需要进行系统整合，将团委、学生工作部、学生社团、学生志愿者服务、专业课实践教学、学生寒暑假从事的社会生产实践及所做的家务和农活、学生的考试纪律、学术的原创意识、网络自律意识、孝行孝德等有机整合，扩大德育实践教学视野，对学生在大学期间的全部德育表现和道德风貌进行全面、深刻的观察与考核，在大学毕业前，同毕业设计一起，做出系统的、规范的、全面的、贯穿学生大学全程的、科学的评价，可以在大学阶段使大学生建立良好品德，确立崇高的道德情操。人之德育不是一两个学期或一两个学年的德育，道德修养是一个持续的、恒久的过程，需要一生的修行和修养。贯穿全程的德育也有益于引导教师树立持久的立德树人、教书育人的思想意识，而不是教而不育，或育而不教的知识与技能、理论与实践脱离的纯书本或纯理论的教育。

（三）知行合一原则

知行合一既是高职教育的方针，也是高职教育的原则。高职教育不同于其他普通高等教育。第一，高等职业教育的"高"字，从学校办学规模和层次上来说，从技工教育走上了大学专科层次，办学规模也随着办学层次的提升得到拓展。就学生角度而言，毕业生获得中级技工或高级技工毕业证书，一跃成为大学专科层次的毕业学历，从"蓝领"阶层进入了"金蓝领"阶层。这里一个"高"字，体现了理论教学不再是中专或技工层次的内容，必须向一个新的高度与层次进军，而实践教学也不再停留在原来的中、高级技工的基本技能，当国家产业向"三高"（高端、高质、高效）转型时，高等职业教育要迎合国家着力构建的现代产业发展新体系，符合区域经济发展新需求，适合战略性新兴产业、先进制造业发展的新需要，建立高端的技术技能，而非原来低端运营所带来的高投入、高消耗、高污染与低产出、低效益、低收益。高科技的发展促使现代企业管理的高端技能型人才奇缺，高端技能型人才已然成为同博士一样的稀缺资源，但也恰恰是因为社会经济迅猛发展对高端技能型人才的需求，高校十年来得到了飞速发展。

第二，从高校毕业生就业趋势看，绝大部分是面向社会生产一线就业的。由于现代企业的发展，出现了介于蓝领和白领之间的行业，如计算机平面艺术设计、动漫艺术设计、广告设计等。由于企业现代化的生产和管理，也出现了薪水很高的"金蓝领"阶层。而"金蓝领"的一个"金"字，给高职教育教学提出了一系列新的要求，促使其必须随着社会技术进步的需要拓展新技能和高端技能。

第三，高职教育的"高"是前提，"职"是落脚点。高职教育开设的专业必须依据社会经济发展需要设置，才能有生存的价值和发展的前景。如果说高职教育的理论知识要突出"高"字，那么专业课实践教学则应明确地体现专业性、职业性和行业性。因此，高职教育理论必须与实践紧密结合，"知"与"行"必然要高度统一。就德育而言，也必然要受到高职教育教学特征的影响，德育理论与德育教学不能是"两张皮"，"两张皮"的结果就是"言""行"不一。因此，德育教师既要注重对学生德育知识的传授，也要关注学生在自学基础上对知识的领悟，并适时地组织好交流和研讨，提高学生独立获得德育知识的能力和对社会热点、焦点问题的分析与判断等方面的能力。

（四）教学互动原则

在社会中，德育是通过人与人的交往或人与物的交互实现的，如通过职业道德中人与职业之间的关系，社会公德中人与人或人与社会融合或友爱互助等和谐现象、人与自然或人与其他物种之间的善待等体现出来，是通过社会舆论来调节的。在学校，德育的主渠道是思想政治课理论教学的系列课程，尚没有将学生的日常行为纳入大学生德育考核考评的标准和要求。其实，真正的大学生德育渗透在大学的整个阶段。从新生办理入学手续时要讲秩序、讲文明，一直到毕业生的就业指导和文明离校，其贯穿每个大学生在校学习的全过程。就德育教学主渠道而言，从德育教师的角度看，立德树人是师生共同追求的目标。教师在德育教学实践中既履行了教师的职责和义务，也在教学中将自己的德育思想传递给了学生。教师可以借助现代通信网络，引导学生收集现代社会关注的或学生热切关注的热点、焦点问题，作为教学案例，师生可在课堂上或作业里进行教学互动、教学研讨等。站在交往的角度看德育，站在德育的角度看交往，这是我们所采用的两种不同的视界。它们的结合——交往与德育的深层活动，是我们的切入点。[①] 因此，德育实践教学的切入点就是教学互动，可以在课堂上就某一德育内容或相关内容的观点在师生之间或同学之间展开讨论，也可以就某项活动，如春运会上学生所体现的秩序或纪律等问题进行互动，互动可以在课堂上，也可以在具体的学生管理活动中。总之，德育教学也好，管理也罢，要让学生讲话，在德育过程中，

① 彭未名. 交往德育论 [M]. 太原：山西教育出版社，2005.

教师要体验学生的真实感受，使德育收到事半功倍的实效。

（五）因材施教原则

专业课教学和德育教学面向的是同一个群体，使用同样的教学方式，专业课教学可以收到比德育课教学好的效果。专业课内容对于学生来说是崭新的，学生对崭新的专业课内容有着好奇心和探求欲，一个班的学生基础知识可能会有些差别，但面对全新的专业课，他们是在同一个学习起跑线上的。而对于德育教学而言，理想信念教育是从小学到大学都有的内容，更为关键的是，在多元化的社会经济生活中，每个学生受家庭背景不同、教育环境不同等多方面的影响，对德育的认识有着很大的差异。德育就其直接的、现实的承担者和实现者来说是个体性的，这就是说，从事具体德育实践活动的活生生的个体是德育最直接、最现实的承担者和实现者，这也意味着，无论德育以何种形式出现，其最终必须通过个体的德育活动才能变为现实的存在。因此，在德育实践教学中，德育教师要密切关注每个学生面对社会现实所体现出来的外在表现或内在心理冲突，只有因材施教，德育实践教学才能展示鲜活的"教"与"学"的互动和能动性。教师要充分认识德育实践教学这一教学环节在人才培养中的重要地位，切实把德育实践教学与德育理论知识有机地结合起来，使实践的教学环节切实成为德行培养、检验理论、加深理论认识和理解的重要途径。

（六）遵循自然原则

在有文字以前，人们的道德认知就开始萌生了，并规范着人类原始状态的简单生产和生活。直到今天，伴随着人的出生，德育就潜移默化地进行着。对我们每一个人来说，在我们受到其他任何方式的教育影响之前很久，自然界就影响着我们，社会生活的每一分钟都产生了教育影响，使得我们的行为与自然法则基本一致。大自然是人类最好的老师，也是人类最好的大学。在这个极不寻常的大学——宇宙里，自然界仍然继续对我们进行耐心的教育。只有真正地融入大自然中，人的思想行为才能同人的呼吸一样，和大自然完全融合。尤其在我国生态文明建设中，若还存有"人有多大胆，地有多大产"

的愚昧想法，必然要受到大自然的不良反馈。

良好的道德思想的形成如同良好的生态圈一样，需要有一个过程，因此德育教学也好，德育科研也好，高等教育的德育需要一些冷思考，宁静致远。目前，激烈的竞争把整体学术水平推到了"高原"的状态，适度的压力是有益的，但过度的紧张会压垮人，出不了好学问。严格意义上，高等职业院校的德育教学应当建立在突出技能和职业道德、职业素质的特色鲜明的基础之上。但一些大而化之、以一概全的高等教育的德育标准，依然在用理论考试后的学分来简单、机械地鉴定大学生在整个大学期间的德育状况，以至于学生在家庭、班级集体活动、校园文明、职业素质、社会公德方面没有给予应有的考虑，德育与德行成了"两张皮"的教育，德育不管德行，德育不问德行，这是德育最大的失败。高职德育亦然，需要冷静下来，追求符合人的德育成长规律的、遵循自然的德育。院校可根据专业发展趋势开展特色鲜明的德育，使德育更具备实效性和人性。例如：医学院的学生要建立医德；师范教育的学生要建立师德；行政管理及警察、司法等学科或专业的学生要培养依法执政的能力；经过公务员培训的学生要建立官德；等等。对于办学时间较长的院校，要充分挖掘优秀的传统办学思想和文化，融入德育教学中；对于专业性明确的高校，可根据专业发展方向，建立职业道德和职业素质教育。总之，德育建设只有时时处处尊重和遵循每所院校所处的自然环境、社会环境和人文环境，顺其自然，顺势而导，才能顺理成章、和谐自然。

（七）终身修养原则

大自然的一切是变动不居的，人类社会的发展正在发生着前所未有的剧烈变化，社会生产的高速度，高科技通信工具的不断更新及迅速提升的知识，均促进了社会经济的急剧发展，与时俱进、和平发展是整个人类社会发展的主流，时间的一维性决定了万物的转瞬即逝，空间的三维性注定了事物发展的无定性、无定数，人的睿智的大脑决定了人思维的敏锐性和复杂性，就像《大教学论》中叙述的那样："人心的能量是无限的……它上天入地，即使天地之广再大一千倍，它也一样能去，因为它在空间穿行的速度简直快得令人难以置信。"[①] 人的思维在瞬间就能穿越无际的太空，振动思维的翅膀在太空任意翱翔几个来回。如此聪慧的人类，促进了政治和经济文化的发展，在如此动态不居的大自然和人类社会中，只有建立终身学习、一生修养的自觉意识和自主行动，才不至于被历史淘汰、被社会淘汰。

面对变动不居、迅速发展和知识大爆炸的人类社会，早在 1972 年，联合国教科文组织就发表了著名的报告 ——《学会生存 —— 教育世界的今天与明天》。报告特别强调两个基本概念，即终身教育和学习化的社会。其指出，教育是贯穿人一生的、不断积累知识的长期、连续的过程，终身教育是现代化社会的基石，唯有全面的终身教育才能培养完善的人。我们需要终身学习去建立一个不断演进的知识体系 —— 学会生存，要使教育更好地为社会服务，必须积极发展终身教育的思想。只有具备终身教育的思想，才能使教育变成有效的、公正的、人道的事业。

终身教育和学习化的社会的提出，是人类社会发展和思想发展的一大进步，它使教育不再是青少年的特权，也不再是专家学者的特权。1996 年，国际 21 世纪教育委员会向联合国教科文组织提交了题为《教育 —— 财富蕴藏其中》的报告，强调必须把终身学习放在社会的中心位置上，并建议确立终身学习的四大支柱，即学会认知、学会做事、学会合作、学会生存。

以上更多强调主观学习的必要性，知识经济时代的来临告诫人们，学习能力等于生命能力、生存能力、竞争能力。用手办事，用知识办事，用先进的文化思想办事，同样的事，其结果是不同的。现代经济社会发展趋势表明：可以没有学历，不能没有学习能力；可以没有文凭，不能没有水平。在现代社会发展进程中，在经济结构调整和社会机构巨大的变动过程中，社会成员要具备竞争能力，首先要具备学习能力，"工欲善其事，必先利其器"，只有具备了一定的自主学习能力，才能在现代社会进步中做到"随心所欲不逾矩"。学习能力需要科学方法加以调适，人要活得有质量、有气质，要活得精彩，关键是要通过学习充实内涵，成为一个有深度、有内

---

① 夸美纽斯. 大教学论 [M]. 傅任敢，译. 北京：教育科学出版社，1999.

涵的理性的人，人的特质和气质才能典雅和优雅，人才能有自信并获得成功。科学的学习是有度的学习，有度的学习是和谐的、理论联系实际的做中学、学中做的学习。

目前，要引导师生树立终身学习的意识，尤其是德育教师，要排除官本位和任何畸形膨胀的物欲和私欲，正确认识和处理好权力和财富的关系，明白二者不是人生的终极追求目标。原因很简单，弓箭无论打磨得多么锋利，都不是为了射向自身。一个人拥有再大的权力、再多的财富，都不是为了自己享受，因为除自身以外，还有其他目标，就是为其他人提供更合适的价值，在改善其他人的生活方面有所助益。这才是一个纯粹的人，才能作为"人类灵魂的工程师"。在这样的认识基础之上，作为教师，对于周围的人，对于周围的环境，包括社会环境和自然环境，负有天然的、责无旁贷的义务。教师所从事的教育职业，是一份崇高的职业。德育教师应拥有冷静的头脑和丰富的思想。因此，必须引导教师通过终身学习，升华人的理念，美化人的生活，修养和教化人的一生。在教育活动中，任何用来帮助人过和平生活的因素，任何能使人脱离不愉快和孤独寂寞之境的因素，也能帮助各民族之间和谐相处。在开放的时代，德育教师还需要建立超凡脱俗、大度大气的教学境界，方能引导学生建立民族自信，走出偏狭的、封闭的、自以为是的境地，在开放的国度，德育教师还需要建立包容宽容、兼容并包的思想，才能引导学生建立崇高的人生理想。

德育教师在自我坚持终身学习意识的同时，要坚持不懈地引导学生建立终身学习意识，要让学生意识到，教育能为每个人培养热爱和平的深厚感情，使人们能随时准备抵抗侵略战争和尊重邻国的独立，教育的使命就是帮助人们在各个不同的民族中找出共同的人性。整个德育教学过程必须注入终身教育观念，必须具备终身学习意识，并积极行动起来，学习、学习、再学习，将学院建设成学习型组织；实践、实践、再实践，将学生在校园生活的一切活动、将整个世界的社会生活作为德育实践教学的巨大平台，引导高校的师生担当起引领先进德育文化前进方向的重任。

（八）社会参与和反哺社会原则

正是因为我们处在改革开放的时代，高校又有着面向社会、开放办学的优良传统，今天的德育尤其需要积极面向社会，参与到社会生产和社会生活的各项活动中，让师生切身感受社会进步带来的责任感和使命感，让师生共同担当起应有的社会责任。同时，可以吸收优质的社会德育资源，如邀请全国、全省道德标兵或社会模范为师生进行专题报告，邀请兄弟院校的师德标兵进行专题讲座，邀请优秀的企业、行业中的高级技师及优秀的管理人员等对师生进行辅导，邀请离、退休的一些老领导、老同志为大学生进行传统教育，等等。在这些德育模式的传授中，师生站在学习者的角度，一起感受和领悟优质的社会德育资源带来的一次次思想道德领域的"饕餮大餐"，获得一次次情感上的震撼和感动。在德育育人方面，现实中的每个人都拥有一个道德思想的小宇宙，在校园里、在社会生活中，每个人都拥有各自不同的道德能量，正能量大于负能量，正能量多，校园、社会就文明、进步。开放办学模式"就是'社会为学校''学校和社会打成一片'，彼此之间很难识别，社会含有学校的意味，学校含有社会的意味。我们要把学校的'围墙'拆去，才可能与社会沟通。这种'围墙'是各人心中的心墙。各人把他的感情、态度从以前传统教育那边改变过来，解放起来"。[1] 到目前为止，我国德育依然是创设德育情境和意境的时候多，而教育是从生活中得来的，虽然书也是求知的一种工具，但生活中随处是工具，都是教育。况且一个人有整个的生活，才能得到整个的教育。因此，作为教师，更要将自己习惯了的，在学校、在课堂或大讲堂的德育方式向生活和社会延伸，让学生的德育是贯穿始终的德育，让教育是一个完整的教育。

完善德育实践教学的目的是使师生获得理论与实践相结合、知行合一的真实体验，也是师生用先进的道德思想和德育教学成果反哺社会的必要途径。在德育实践教学中，我们更多地使用"师生"这组词汇，是因为教师在德育实践教学中，既扮演着教师的角色，也践行着学者的义务和责任。如前所述，

---

①方明. 陶行知教育名篇 [M]. 北京：教育科学出版社，2005.

教师的形象和言行对于学生来说就是一种教育资源，教师言行一致，诚信守时，严肃认真地对待每一次讲课和活动，学生就会积极认真地给予配合。因此，教师通过德育实践教学获得的教学体验并不亚于学生，在锻炼学生的协调能力、组织能力，在强调学生的活动纪律、文明素质、团结协作、友爱互助等方面，能够和学生一起有所体验、有所收获。

更为重要的是，德育实践教学通过一系列社团活动、志愿者活动，通过在社会上建立德育实践教学基地等，将德育理论教学成果运用到社会生活中，可以反哺社会，为社会做一些有意义、有价值的事情，在培育师生担当社会责任的同时，师生的社会公德意识和责任担当意识在具体的活动中自然而然地体现在言行中。对于师生来说，双方都是一面镜子，教师在观察学生的同时，学生也在关注着教师的一言一行，教师在社会活动和服务社会中温文尔雅、有礼有节、文明有序，学生就会如数效法。无论如何，高等教育是社会先进文化的引擎，在德育实践教学中，师生的道德意识在获得优质社会德育资源涵养的同时，也将先进的道德思想传播向社会，作为当代的教师和大学生，反哺社会培养是应尽的义务和责任。

（九）全员参与和全面发展原则

孩子一出生，家庭美德的感染就开始了，但孩子首先获得的是"爱幼"，有被关怀、关切的道德体验；在成长过程中，逐渐地学会"敬老"，学会团结友爱，学会关心他人、爱护公物等。学生一进入校门，德育就开始了，新生首先获得的是来自老师和学长们热烈欢迎的迎新场面与热烈氛围；伴随着德育理论的学习，学生逐渐掌握比较完整的道德知识体系，并在德育实践教学中、日常的起居和生活中、各类社会活动中运用所学的道德知识，得到德育教学的生理和心理的体验。因此，德育不仅仅是德育教师的德育，也是一所院校全体教职员工的德育；学生的日常管理，也不是学生管理人员的管理，而是全体师生和员工的管理。在校园里，每一位教职工都应该将自己作为德育的一员，在敬业爱岗、勤奋工作的同时，积极参与学生管理和德育活动；在恪守职业道德的同时，树立良好的自身形象。例如，新生入学之初，后勤管理人员和学生管理人员要面对被褥、拖把、黑板擦及教材的发放等事情，在这些琐碎的事情面前，教职工要面对形形色色的人，有良好的师德和修养制约的人，无论面对什么样的人，都能和颜悦色、细致耐心地引导学生，在这和颜悦色和细致入微的沟通、服务中，传递给学生的是校园里的热情、理性和正能量，传递给家长的是学校优质的管理和服务资源。让家长放心、学生安心的校园，必然会带给学生学习的安全感和温馨感。人民满意的教育不是教师单方面的行为，体现的是一所院校的全部管理水平。全员参与德育实践教学，才能促进学生的全面发展。

全员参与原则强调师生和员工都是德育实践教学的一分子，应全面参与到德育建设中。高校的管理者是德育实践教学的积极倡导者、建设者；教师教书育人的职责本身被赋予了德育理论和实践教学的深刻内涵，无论是专业课，还是基础课，教师在教学过程中的思维和行为模式，都向学生传递着浓重的德育气息；后勤工作人员种植和维护的花草树木，都是紧紧围绕德育校园和德育文化氛围的需要进行的。学生一届届毕业，学校所倡导的学院德育思想也通过一代代教职工传递给每一届学生，周而复始，才能历练出百年大学代代相传的学院精神。一所学校的德育建设，要通过几代人的努力才能形成激励全体师生员工、人人推崇、积极践行的一种精神或品质。学生在学校学习时，作为个体是一个点，但是到社会上，他们将把这种独有的、特色鲜明的道德精神在工作岗位上、在生产实践中展现出来，此时产生的影响就不是一个点，而是一个面，他们的言行就成了宣传学院的活广告。好的德育实践教学使他们终身受益。所以，学生在进入校园的第一天，由于先入为主的思想，每个在校园工作的教职工的言行都会给他们留下深刻的印象，并产生一定的影响。因此，一所学校的德育建设，只有全员参与，才能积极、健康、稳定地传承和发展下去。

以往我们常强调的是教书育人、管理育人、服务育人，在此要再次强调环境育人的重要性。目前，由于社会经济发展迅速，人们的社会生活发生了巨大的变化，从小学到初中的九年义务教育及高中阶段的办学设施，由于党和国家政府的重视，也都发生了巨大的变化，各类高校也都建立了新校区，有的是一校多址办学，校园环境也有了很大的改观。在多元化的社会中，无论是学生，还是学生家长和社会，都对高等教育赋予了很多的期待，期待学生能接受到良好的教育和影响，期待学校能给予学生良好的生活和学习环境。由于人们的物质生活水平提高了，这些期待似乎也在情理之中。有的学生家长在给孩子选择或填报志愿时先浏览相关高校的网页或网站，了解学校的专业设置、师资力量、办学规模、办学条件等基本情况，甚至有的家长会先到相关的高校进行实地考察，映入学生和家长眼帘的是高校的环境氛围，包括一所学校的人文环境和自然环境。环境好的话，大城市大学的环境可以培育学生大度大气的心智，小城市里的精致也可以给学生静谧闲适的身心体验。一些高校在负债建设新校区的情况下，校园的环境建设相对于行政教学设施的建设要薄弱，导致不少教职工比较早地反映出不满情绪。在办学规模小的时候，其希望随着学校的发展和办学规模的扩张，也能开辟新校区，期待自己也能在一所拥有广阔空间的校园中工作。不少大学随着规模的扩张开辟了新校区，然而建筑既没有我国的民族建筑风格，也没有掌握外国优美的建筑风格，十几所高校走下来，几乎没有鲜明的特色和风格，既找不到传统而独特的建筑和文化风格，也找不到新的人文风格。这样的教学环境使人如同进入了一个新的居住小区，没有一丝高等学府的文化品位。对于那些实力相对较强的高校，在开阔的新校区设计出文化广场、文化墙、文化馆等，极大地美化了育人的环境，所到之处均有文化石上的名言引导学生的思想和行为向更高的境界攀升。大学里一棵百年老树就承载着百年老校的办学沧桑，凝结着一所学校几代人的办学艰辛，记载着一所学校的办学历程。在这些环境文化的建设中，不少高校是师生员工全员参与的，如校园内道路两边的石头上刻制的名言警句，是在师生员工中广泛征集的基础上镌刻的，镌刻后的文化石所摆放的空间也是与师生的学习、工作和生活息息相关的。

环境文化包含净化、绿化、美化和亮化等多方面，净化后的校园，或许没有耀眼绚丽的人文景观，但正如学生所言，刚进入校园时，如果看到报到的现场周围很干净，自己也会更加注重不随地乱扔垃圾。这正是应验了"破窗理论"，管理越跟不上就越乱。目前，校园的绿化基本上都很美观，师生在疲劳的学习、工作之余，抬眼望到的是满目的苍翠绿树，可以让疲劳的双眼得到缓解和休养。校园的美化也随着校园环境的建设逐步到位，大部分学校做到了三季有花、四季常青。亮化在高校亦是可简可繁的，但满足师生早晚自习行走的路灯和教室与实验设施的照明是必要的，对于生态文明建设和培养师生的低碳生活意识而言，高校的亮化没有必要追求得太奢华，灯红酒绿永远也不可能是高校的主流文化。

高校的育人环境还受到周边社会环境的影响，如果高校周边都是高校，高校学生会受到周边高校学生的影响，尤其是本科院校学生的影响，在学习的自觉性、主动性上，会向相对好的方面转化；反之，若周边网吧多，一些自制力较差的学生就会经不住诱惑去上网，甚至影响学业。

综上所述，环境育人是毋庸置疑的，应当将环境育人纳入原有的"三育人"思想或育人措施中，规范和完善高校育人环境，全面培养和发展人才。德育实践教学里的师生都是最大的受益者。环境育人还包括学术方面的软环境建设，教师的教学和学术只有具有自己的认识、自己的思想或自己的德育体验，才能引起学生的关注和兴趣，否则，德育教材教师有，学生也有，都是汉字，尤其是学生自己预习后，如果教师的教育思想没有新的提升，学生学起来必然乏味。教师的学术如果也是人云亦云，学生必然也会感到乏味，而教师的学术如果缺乏原创则，更加不利于学生。

环境育人还包括教师的文明行为和职业素质，其也会对学生产生直接的影响，好的素质对学生产生好的影响，若教师牢骚满腹，必然会将负面情绪传递给学生，若德育教学产生负面影响，就与教育的初衷背道而驰、相去甚远了。因此，从高校的管理层到教师，甚至后勤总务，都要坚持教书育人、管理育人、服务育人和环境育人的"四育人"制度，并从四个方面全面考核办学模式，这样德育实践教学才能得到丰富的内容，才能从多个角度加强管理和监控，从而促进人的全面发展。德育只有以人的全面发展为原则，才能承担起历史和时代赋予其的使命和重任，才能使作为德育主体的人的个性和主体性得到全面的发展，从而实现对人的完整性的塑造，达到对人的德行的完善和满足。

三、德育实践教学原则的传统属性

中国有着几千年的文明史,《道德经》上究天伦,下究人文,博大精深;儒家思想则以人的基本人伦为出发点,着眼于人们日常生活中的行为规范和学习方式探索、人之修养等方面,引发出"修身、齐家、治国、平天下"的道理,对于人的修身养性起到积极的作用。目前,大部分高校的德育理论教学的教材是《思想道德修养与法律基础》《毛泽东思想和中国特色社会主义理论体系概论》及《时事政治》,有的高校为学生开设了"知行讲坛"等形式的第二课堂德育,全面完善学生的德育建设。但从实践的角度看,由于德育效果最终要通过每个学生个体的社会交往或社会活动实现,所以德育实践教学尤为重要。因此,我们提出的德育实践教学的原则,有利于规范接下来要进行的德育实践教学。

中华传统的优秀德育思想教育和影响了无数人,但德育主要通过三大途径实现:家庭教育(自然教育)、学校教育(经典教育)、公民教育(社会教育)。我国的传统家教,侧重孝及仁、义、礼、智、信,但目前传统教育在很多家庭中被艺术生考试的一些科目取代,被中、高考或其他的一些出国考试科目取代,当对父母的"孝"需要用法律来加以规范时,意味着我国的孝道被提升到法律的层面上来了,意味着现代社会人的孝意识的弱化,需要法律加以规范。这也反映了生活压力大、各种名目的"加班"多、岗位竞争压力大等社会现象,在这样的状况下,子女或许也有着"公休假""探亲假"客观上难落实的苦衷,又有工作压力大、分身乏术的无奈和打拼事业的窘迫。无论如何,在家庭美德的教育中,以孝道为例,家庭方面的教育意境、情境和即时教育的环境,效果都要优于课堂上的理论教学,家长在孩子成长过程中对其进行的孝顺、良好的卫生习惯、文明的交往和礼节等的培育,是在即时的意境和情境中的自然而然的教导。当一种良好的习惯需要理论讲述或反复强调的时候,教育就成了课堂的说教,如无数次地引导孩子尊敬长辈,培养的是孩子的一种孝心和礼节,但要在课堂上演绎场景却是一件尴尬的事情。家庭教育好的学生进入学校后也懂得尊敬老师、谦让同学。另外,诚实守信、乐于助人的美德缺失也反映出家庭教育的缺失。当然，目前一部分诈骗、讹人的负面报道，在一定程度上混淆了人们的视线，但诚实守信依然是我国社会的主流文化。2012 年 11 月 2 日，江苏扬州的中学生徐砺寒在骑车上学途中不小心剐蹭了一辆路边的轿车，他在原地等待车主近半小时后仍不见车主，就留下了写有联系方式的字条。徐砺寒诚实的道德行为引起了一系列"蝴蝶效应"，车主得知后，感动之余自掏修车费，当地一家汽车修理公司提出无偿修理受损汽车。以上实例说明：在现代社会，人与人之间的诚信与感动并非遥不可及的事，善意和善举可融合在社会生活的点点滴滴之中，每一个善意的行为和具体的善举都能擦亮人们蒙尘的心灵，给这个社会带来阳光。而诚实守信恰恰是我们国家的传统美德之一，这可以说是学生德育实践的结果。德育实践教学在社会生活中有着极大的舞台，社会越进步，科技越发展，这个舞台就越大。

就学校教育而言，让德育回归实践教学，是德育教学的改革。当然，传统意义的德育理论教学也要将"理"给学生论清讲透，这是一名德育教师应该具备的知识素养。除此之外，还要结合媒体关注的热点问题，将其引入课堂与学生展开讨论。如何论清讲透？教师自身一要看懂，媒体关注的事也会引起学生的关注，但关注的深度和高度不同。所谓深度，是问题的深层次原因；所谓高度，是要有理论高度，将问题给看懂论清。二要想明白，想得深远，理论的主体是思想，理论的客体是教师将思想成果内化后，通过授课的方式转化或外化成由易到难、深入浅出、通俗易懂的语言，把德育知识传递给学生。三要论清说透，不光教师自身明白，还要让学生也明白，说透的理就像走出云山雾罩的大山深谷，有一种茅塞顿开、豁然开朗之感，教师可以从学生的表情中体会到理论说透之后的成就感。这样的理论教学，学生是不会反感的。

公民教育包含社会教育，社会教育可从组织、单位的职业道德教育及社会舆论的引导等方面开展，也可通过激励政策进行引导。在这些方面，我国有着思想政治工作的传统优势，组织或单位都在不同程度地引导员工的自主学习和相对集中的学习。比如，每个单位年度的先优评议、道德模范推出、和谐家庭的评议等，都是树立一个标杆，引导社会成员去效仿、学习。这些途径无一不对学生德育产生积极的影响，所以德育大环境优劣有一个认识问题，还有一个德育教师如何引导的问题。任何时候，只要社会在进步，它的主流文化就是进步的，德育教师要始终坚持用中国特色社会主义的主流的、进步的德育思想引导和教育学生，这才是贯穿我国传统德育始终的主流。

四、德育实践教学原则的时代属性

每个人的道德意识和道德生活都是建立在对现实社会生活与社会环境的认识基础之上的，德育实践教学研究必须遵循人的道德认知的发展规律。德育实践教学之所以规定了准确定位、系统整合、知行合一、因材施教、遵循自然等原则，是由大千世界的变动不居和人类社会发展而决定的，人对道德的认识不仅靠耳朵，当输入的道德知识与社会现实生活所反映的问题发生冲突时，目睹的事件更能对人的心灵造成强烈的冲击。在靠山吃山、靠水吃水的传统观念的影响下，在地大物博、取之不尽、用之不竭的思想引导下，在"多、快、好、省"的催促下，当年马永顺一把斧头、一把锯，以每年1个人完成6个人的采伐量的辉煌战绩轮战林海，一举创造了手工伐木每年1200立方米产量的全国最高纪录。马永顺也因此被评为全国劳模，在当时的社会背景和指导思想下，"多、快、好、省"和积极砍伐是他的道德认知和道德价值取向，砍得越多，对社会的贡献越大。千年之交后，当人类理性地审视自己赖以栖息的这个星球时，当认识到这个星球上的资源的有限性时，人的道德价值观就会随着时代的进步而做出新的选择。因此，马永顺开始大量地植树，欲把自己砍伐的36 500棵树木补上。其道德观的转变是伴随着社会文明、社会进步和人类对资源有限性的道德价值重构开始的，所以德育实践教学有着显著的时代特征。

即便德育实践教学没有被列入德育教学计划，有的高校也已经做出了系统的德育实践教学计划，并制定了贯穿学生在校读书全过程的具体的人文素质教育内容，德育教学过程中已经有了很多方面的探索和实践。实现系统的德育实践教学体系涉及安全问题，如师生乘车出行考察，还涉及德育实践教学的时间安排问题，涉及资金和人力、物力支持等多方面的问题，但这些只要事先做好充分的测算和规划，都是不难办到的。由于德育认知培育的鲜明的时代性特征，在媒体和网络高度开放的时代，真是达到"秀才不出门，便知天下事"的境界，别看学生的户外活动少了，但在网络上学生与教师获得的信息是一样的，由于不少学生"宅"的时间比教师多，或许获得的网络信息比教师还要多。因此，在开放的时代，德育实践教学必须适应时代发展的特征，教师可以顺势而发，利用好网络，正确引导学生学习，引导学生在网络世界中走进去、跳出来，会甄别、会思想，有筛选、有收获。

总之，教育的功能首先在于教育人，培养我们身上携带着的人性的种子。德育实践教学就是教师通过对学生日常行为的观察和及时的纠偏，及时引导学生在社会生产实践与社会生活中洞悉和聆听社会前进的脚步，除了专业课建设之外，还要不断使人的另一个羽翼——德育更丰满，做到既会做人，也会做事。而对于高校来说，还要引导学生紧跟时代的脚步，聆听社会进步的声音，根据社会生产结构性调整的方向，随时调整和完善自己的专业知识结构和道德知识架构，以便顺应社会的进步。届时，高校学生的天地就会更加开阔。

第三节　高职院校德育课程实践教学的价值

在中国文化中，做父母的给子女这么筹划，那么筹划，买房子、盼孙子，一一照顾过来，到头来发现造就了一个啃老族。这是孩子的问题吗？当然不全是，这也是父母的问题，因为我们没有把孩子最需要的东西教给他们，如学会独立开展一个项目，如学会去说感谢。"授人以鱼"，看似是条捷径，不过现在少走的路，日后要用生活的弯路来还。而在一定程度上，德育实践教学可以弥补父母家庭教育的缺失，对于学生今天和未来的生活有着重要的价值。更为重要的是，大学应该为社会和国家提供服务，这是它应该努力做到的。高校的学生面向社会生产一线的就业特征，决定了它要更加注重职业道德和职业素质的培养。鉴于现实是错综复杂的人与环境的碰撞，现实是非线性的，道路是曲折的，故德育实践教学只有树立师生正确的价值观，才能引导学生在未来的人生道路上做出正确的判断和选择。在通信手段日益发达的网络社会，教师培育学生的辨析和判断能力显得更为重要。真正的智慧在于具有健全的判断力，尤其是在海量的信息面前，要始终教育学生保持冷静的头脑，而非人云亦云，迷失学习、工作、研究的方向。更为重要的是，将来若走向社会从事医务或法官等方面的工作，如果判断错误，将会对被害人造成致命的伤害。如果是管理者的判断错误，也会给事业发展带来严重的后果。如果在判断失误的基础上，再反复地惩治一个人，造成"张三生病，李四吃药"，制造恶果的人没有得到惩处，必然在暗中窃喜，同时还会蔑视管理者的无知和判断能力的低下，而"背黑锅"的人或许连发生了什么事情都不知道，却由于管理者的错误判断而遭到打压，这就不再仅仅是一个道德问题了，而是披着道德的外衣实施不道德的行为。这种不道德的行为并非行为人的不道德意识决定的，而是由管理者的判断能力和认知水平决定的。可见，在高科技的通信手段和发达的网络社会面前，在多元化的文化生活造成的比以往任何时候都更为复杂的社会面前，提升一个人的判断能力是一件尤为重要的事情，优秀的教师要能经得起复杂局面的考验。

一、德育实践教学的政治价值

在教育法律建设方面，一系列教育法规都明确地规定了高等教育的方针和任务。党和国家及社会对高校德育寄予厚望，一系列相关德育建设的法律法规和方针政策都给高校德育理论教学和德育实践教学的探索以积极的指导。德与法密切相关，处于青春期的、思想和情绪波动较大的青年学生，在喧嚣的社会中如果没有正确的价值观作为指导，在多元化的社会生活中面对各种诱惑和大量的网络信息，就难以做出正确的判断和选择。因此，德育实践教学的政治价值在于：在国家法律法规和党的方针政策的指引下，通过德育实践教学的途径，引导学生建立科学的、正确的道德观念。德育实践教学的"功夫在诗外"，完善的德育实践教学可以使学生在高校学习的 3 ～ 5 年处于德育建设的"零"盲区。而目前的德育教学，仅仅是教室里的德育理论知识的教学，学生作为落实德育认知的一个个鲜活、灵动的社会实践个体，在课余充足的时间里却没有积极进行实践。只有完善德育实践教学，才能全方位地督促学生建立道德自律意识，才能为国家和社会培养全面发展的人才，从而实现德育实践教学的政治价值。

二、德育实践教学的经济价值

职业院校学生在实习、实训的过程中就开始进入生产环节，在企业已经能够顶岗实习，创造价值，但此时的学生有着对社会生产和社会生活的新鲜感，也比较茫然，因此培育忠于职守、爱岗敬业等职业精神应与生产实习和实训环节同时进行。2013 年 6 月，《文汇报》刊登了《道德可以给企业带来利润》的文章，将"市场"这只"看不见的手"比作第一只手，将政府宏观调控市场作为第二只手，将道德对市场的调节作用作为第三只手。英国剑桥大学商业变革中心主任彼得·汉斯兰（Peter Heslam，以下简称"汉斯兰"）在回答记者时说："如果我们建立一个金字塔模型，看到底哪些东西在市场中起作用，那么底下两层就应该是精神资本、道德资本，道德资本会转化成关系或者联系资本，再转化成塔尖的机制资本。不同层次的资本都会影响市场行为。"高校培养的人才绝大多数面向社会经济组织，如果毕业生没有良好的道德担当，就难以承受来自企业和岗位竞争的压力，就会在各种利益交往中迷失自我。在汉斯兰眼里："中国文化中对商业非常有利的特质是节俭的美德。""节俭意味着延后消费，它并不是反经济的，而是非常明智、精明的消费方式。"[1]德育实践教学，就是要在专业课实习过程中、在社会生活中、在社会经济组织中汲取最富传统美德的一些要素，如勤奋、节俭、奉献和敬业爱岗等。德育实践教学亦可通过学校组织的活动，让师生从学院的文化传统中汲取优秀的道德品质，如热爱劳动、吃苦耐劳、善于协作等。这些优秀品质能使学生在高校的实习、实训教学中给企业带来经济效益，也能在社会经济组织的顶岗实习中创造价值，因此高校的大学生实习是很受社会经济组织欢迎的。

①田晓玲. 道德可以给企业带来利润 [N]. 文汇报，2013-06-24（013）.

三、德育实践教学的社会价值

"道德不是生而就有的，它需要培养，这在人很小的时候就应该开始了。当一个人开始有要求的时候，如何回应这些要求，会形成他的认知。所以我认为，企业家形成有道德的行为，是从家庭开始的，然后再是学校、大学、公司，等到在公司里面才开始教育人们要有道德，已经太晚了。道德需要很早就开始培养，它不是安然公司的道德准则，它是需要植入每个人内心的。"①汉斯兰用简练的语言描述了一个人德育思想的成长过程，但是笔者认为，安然公司的道德准则就是该企业的职业道德，如果职员能全面贯彻这个职业道德，不单是对职业的履职，也是对原有的道德观的完善。从很多官员已经身居高位却纷纷落马的结果分析，人的道德不仅仅需要从家庭到中小学再到大学，单位的职业道德、社会的公德意识培养既是个人修养的事，也需要社会不断引导。尤其是职业素质的建立，不同的职业需要建立不同的职业素质，即便是相同的职业，也要完善各自的职业素质，如外科大夫和内科大夫的职业素质就有明显的区别。外科大夫的精心细致、敏锐利落和淡定从容的素质，能给患者带来治疗的自信，给手术带来好的效果；而内科大夫专业老成、温文尔雅的病历询问，能给患者带来心理上的安慰，给医生的治疗带来好的效果。因此，在社会化大生产的进程中，任何职业都由于越来越精细的分工变得越来越社会化了，社会化的大生产更加需要个体的积极协作和配合，才能产生"1+1>2"的效果和社会力量。德育实践教学通过志愿者活动、各类社会公益活动、专业课教学实践等多种形式一起走向社会，既将高校先进的道德思想和精神传递给社会，也在社会中优质的企事业组织那里学习到各类职业道德，形成了家庭、学校、企业、社会"四位一体"的德育机制，并推动着优质的家庭美德、职业道德、社会公德和个人品德实现更大的影响价值，产生最大的社会价值。

②田晓玲. 道德可以给企业带来利润 [N]. 文汇报，2013-06-24（013）.

四、德育实践教学的文化价值

一位德国小提琴家说："你要教一个人造船，最有效的办法是告诉他船在大海上航行的美好，他就会自己想办法去求得各种知识、技能，来建造一艘大船。"[①] 这就是说，教给学生造船本身的知识和技能，或者造船的意义、必要性等一大堆俗套的理论，无法引起学生的兴趣。走进海军部队的军营，可见到不少巨大的牌匾上写着毛泽东同志的一段话：为了反对帝国主义的侵略，我们一定要建立强大的海军。作为造船业的工程技术人员，为了加强我国的海上力量，就需要研发自己的造船技术，建造自己的航母。作为海军部队的将士，这一句就足以告诫他们要习得适合海上作战的一切设备，包括天上飞的、水里游的、地上跑的，以应对现代战争的需要。因此，德育实践教学的文化价值，已经不是我们以往讨论的给猎人一只兔子还是一杆枪的问题，而是告诉他，山里有猎物、有丰富的资源，至于猎人用冷兵器、热兵器或其他什么兵器，也不管猎人最后采摘的是蘑菇或是山参，猎人生存的技巧需要猎人自己去把握。事实上，德育实践教学教给学生的是一种德育体验，而非德育理论本身，教给学生的是一种道德精神，而非某一方面的德育知识。例如雷锋精神、见义勇为的大无畏精神、"托举哥"精神等。将"托举哥"的案例引入德育实践教学，不是为了让学生也去伺机托举，而是能够拥有路见不平挺身而出的勇气，能够在巨量的人类知识宝库面前勇敢地攀登，在巨大的精神支持下产生持久的"托举"行为，托举起优秀的道德品质，托举起人类道德思想的光辉。因此，德育的文化价值在于培养高校学生的德育精神，德育精神一旦形成，将在人的一生中产生可持续的、经久不息的德育力量。

---

①黄纯一. 大学"太紧张"，产不出独创性学问 [N]. 文汇报，2013-07-11（009）.

第四节　高职院校德育课程实践教学实现路径

由家庭到学校，从学校到社会再到优质的企事业组织，开放办学模式，使高校的德育实践教学与专业课实践教学融合，德育实践教学有着极为广阔的实现路径。

一、高校丰富的业余活动为德育实践教学搭建了平台

志愿者活动、文体活动等各类社会活动的开展可谓"醉翁之意不在酒"，实际目的是在活动中观察学生在公德、友爱、社会责任、组织纪律、文明卫生等方面的表现，发现问题，然后通过班会、专题讲座或理论课等途径解决，共性的问题可在课堂或第二课堂解决，个案可个别沟通交流解决。在这些方面，高等职业院校学生活动的设计不同于本科院校，高等职业院校本着因材施教的思想，针对学生好动、动手能力强的特点，可以适时地组织一些相关专业的技能比武等适合高校生源需求的各类活动，如每年组织技能大赛，各系根据专业建设情况自行提出方案并组织实施，时间不固定，内容不确定，完全根据市场用工需求和经济建设岗位需求确定技能大赛的内容和形式，各系组织类似活动能做到针对性强、目的性强、教育性强。进行常规的德育主题活动，时间要根据实际情况确定，内容应紧扣国家大事、学院发展和校园文化建设需要，如"展青春风采，做阳光学子""知行讲坛""半军事化管理""安全教育""热爱专业教育""提升学生职业素质教育""读经典、学国学、育国人"等主题的教育活动非常有意义，一般年初部署，分两个学期落实。同时，组织各类文体活动，每年一次师生春季运动会，口号是"强身健体，振兴中华"；在新生入学时进行一次军训及入学教育活动，同时进行校规法纪教育和国防教育；组织一次大学生科技文化艺术节，上半年布置下去，作为全年的主题性活动，贯穿两个学期，一般在下半年完成；组织一次冬季越野赛，入冬时节或"乍暖还寒"时，学校领导和学生一起奔向新的目标；组织一次年终先优评议，原则上是在每年的年终，在正式的党支部大

会或党小组会上布置下去，学生工作部组织落实下去，在不少高校已形成了惯例。还有各类社团、志愿者服务组织的各类活动，这些活动关注了不同性格的学生群体的心理和生理需求，动中有静、静中有动、动静相宜、相得益彰，利于调动全体师生的积极性。

以上仅仅是高校的院级文化教育活动，以系为单位的、贯穿全年的活动还有很多，师生可根据自己专业建设与发展的需要、文化生活的需要，开展一些大家喜闻乐见、易于接受的活动。对于各类活动的组织，要做到德育为先、主题鲜明、目的明确，组织要安全、文明、有序，要做到活动有计划，落实有监督、活动后有总结和结果，要使每项活动都体现德育意义。活动不是目的，而是手段，因此活动内容要更丰富，更加贴近师生或各专业的建设特色，各系部本着以上思想，每年都会开展适合自身德育建设和系部发展的德育文化活动。例如：机械工程系组织的班级之间的技能比赛、系里的"形象大使"选拔赛、读书月、以"红色五月——'五四'青年节"为主题的征文比赛、"益智杯"棋类比赛、"展青春风采、弘中华文明"法律知识竞赛等活动；机制工艺系组织的"拥抱春天"和"秋韵和谐"文艺晚会、"知校、爱校、兴校"主题班会系列活动、"建设节约型校园倡议"、"中国梦、我的梦"系列活动、"金话筒"主持人大赛、"青春旋律"校园歌手大赛、"增强法纪观念、营造和谐校园"主题黑板（壁）报展评等活动；电气系组织的"师生共建和谐家园"、"卫生月"、"纪律月"、"以老带新"青年教师评教活动、"创新杯"技能大赛活动、"关爱地球、节约资源"、"爱护每盏灯、每扇门"、"美好环境靠维护"、"感恩父母、节约开支"、"爱惜粮食、感恩土地"、"遵守公德、回报社会"等系列活动；信艺系组织的以"团结友爱、互爱互助、文明诚信、安全稳定"为主题的"温馨之家"文明宿舍评选，开展以"营造绿色校园"为主题的"绿色环境、绿色生活、绿色行动"系列活动，在毕业生中开展的"我为母校添光彩""主题班会""主题团会""讲师生情、抒同学谊（赠言）""评选优秀毕业生"等活动；经济管理系提出了"无痕德育""以德立系"的指导思想和"德育由外及内、转变以内为主"的教育方式，组织了"理想、成才"职业技能大赛、"周末文艺晚会"、"青春旋律"

舞蹈和韵律操比赛，以及"交通安全""文明礼仪""诚实守信"专题展览，倡导"三制"，即人人岗位责任制、卫生值日分配制、卫生天天检查评比制，以及"文明班级"评比等活动。以上德育活动的开展，极大地丰富了师生的文化生活，凝聚了人心，也锻炼了学生的组织协调能力，对全面提高师生的综合素质有着积极的意义。做到了长远有规划，年度有计划，月月有活动，天天在运动；做到了活动有主题，年终有监督，年终有落实，经验教训有总结。

笔者作为一线教师，积极进行实践教学的改革开拓，逐步将"新闻播报""共同关注"等项目引入课堂，坚持探索，不断完善，形成特色。

在活动中，学生提高了协调与合作能力，培养了友爱互助和集体主义精神。更重要的是，其能在活动中发现问题，并通过活动后的班会总结和同学一起分析问题、解决问题。师生在各类活动中都得到了锻炼和提高。因此，班会可以说是第二德育课堂，这个德育课堂是紧密结合各类问题、紧紧围绕德育建设开展的。

二、加强班级建设，倡导"主题"班会教育活动，丰富德育形式

班级建设是德育工作的基础性环节，也是关键环节，班级建设出问题，必然会影响到系，进而影响到学院的整体。因此，高校十分重视加强班级建设。对于班级建设，从辅导员配置来说，是依据办学层次指定的，如大专层次辅导员可带 2～4 个班，而"3+2"、技师班或高级技工班的辅导员可带 2 个班，中级技工每个班都有一个班主任。之所以倡导主题班会教育活动，是因为班会比其他会议容易调度得多。因此，召开班会对学生进行引导和教育，是解决学生日常道德问题、进行德育教学的重要环节。班会可长可短，问题多、事情多、活动多就多开，否则就少开，但是要注意，没有意义的班会、不解决问题的班会、主题不明确的班会一定不开。因为，老师讲得口干舌燥，学生却不知道讲的是什么，不知道这次会议要解决什么问题，必定毫无意义，时间长了，班会也就毫无生机和活力了，会议召集人也就失去了威信。可见，一定要有效地设计和组织好每一次班会，尤其是在每次的院系级重大活动后，

要组织一次班会，让学生自己查找在集体活动中班级出现的问题，并提出克服的办法，使学生养成"吾日三省吾身"的良好习惯。只有善于总结、直面问题、勇于承担，才能有提高。

"主题"班会教育的主要内容有以下七点。一是选好主题。每次班会要明确一个主题，写在黑板上，教师要明确用多少时间把这次主题班会的目的给大家讲清楚，要留给学生一定的讨论时间，以鞭策学生关心班集体，积极开动脑筋，踊跃发言，提高学生的语言表达能力和自我管理能力。班会中，若班主任讲得离了"谱"，会让学生感到茫然，班会就没有意义了。二是办好班级主题黑板报。作为一个班级，小的也有几十人，大的甚至有近百人，而黑板报往往只有一块，如何充分利用好这块"阵地"，做好、做活班级宣传教育工作，是一件需要动一番脑筋的事情。因此，每期的黑板报也要根据大部分学生的成长需求，或根据重大活动需要，选出一个教育主题，围绕主题进行征稿，充实板报。任何活动都要有教育性，实现教育目的。三是组织好班级主题晚会。学生正处于风华正茂时期，必须对他们进行科学的引导，可通过课堂教育、各类活动等进行。班级晚会是学生乐于参加的活动，这是一个在"自己的小天地"里展示自己的舞台，观众是自己的同学，可以放得开一些。但是，要关注晚会的主题，主题对学生的教育意义和对晚会的正确引导十分重要，晚会的主题也是对晚会节目格调的定格。主题鲜明、格调高雅，则晚会效果好；主题混乱，格调低下，则无法凝聚班集体的向心力。学生没有凝聚力，就更谈不上提高班级管理层次和水平。四是班级主题活动。班级学生朝夕相处、情深意厚，班级活动是学生入学后组织最多的活动，因此班级活动的主题要突出，要能在一定程度上有针对性地实现教育作用。五是班级主题论坛。可以根据学生所学，根据专业开设各类班级主题性论坛，锻炼学生的勇气和语言表达能力，提高学生的综合素质，如迎奥主题论坛、我的中国梦主题论坛、我节约我光荣等，都能在一定程度上引导学生关心国家大事，并有自己的见解和主张，引导学生让自己的脉搏和时代的进步一起跳动。六是让学生依据主题自己设计稿件，准备好主题发言。班级主题活动、班级主题论坛等，都离不开有组织、有目标、有计划地明确一个或几个主题发言人，以引导整个活动的有序进行，主题发言要对学生产生教育作用，内容应当是正面的、积极的、健康向上的、催人奋进的。七是倡导主题活动创新。任何主题活动都具有地域性和时代性，主题以学生自选为主，但辅导员要加以正确引导，班级主题活动相对于德育理论教学要灵活和活跃得多，因此辅导员也好，班主任也罢，都不能像备课一样，只确定几个固定的班级主题活动，要根据时代的变迁，结合学生的实际和心理需求不断总结班级工作管理经验，与时俱进、机智灵活地组织好主题班会活动，要让每一次主题班会都有焦点、热点、关注点，使学生回味无穷、终生难忘。

三、高校丰富的社会生产实践为德育实践教学提供了广阔的社会舞台

高职教育走出校门、走向市场、走进社会生产第一线，是迫在眉睫、势在必行之举。纵观高校的发展，有的是在原高级技工教育基础上发展起来的，有的是中专或职业学校兼并后组建的，还有不少高校是校企并存的，客观上形成了产教结合、工学交替、半工半读的教学模式，以及重视实训、技能领先的优良办学传统。随着社会的进步，新技术层出不穷；随着办学规模的扩大、办学层次的提高，学校的实习实训条件逐渐跟不上社会经济发展的步伐，部分高校由于近年来办学规模的急剧扩张，尤其是建设新校区，造成了严重的资金短缺，实习实训设备逐渐落后。另外，一校两址办学，使学校的管理较为松散，校中的企业在与社会企业的竞争中，竞争能力、管理、经营都存在较大的差距。因此，要让师生切实感受到社会前进的脚步，与时代发展进步的脉搏合拍，学校需要与社会缩短距离，开门办学，走出校门，走向市场，让师生与社会生产实践零距离接触。因此，不少职业院校近年来在校企合作办学方面进行了广泛、深入的探索。

高职院校通过校企合作，建立双元制人才培养模式，探索多元化的德育渠道。一些高校随着办学规模的扩张和办学层次的提升，伴随着社会技术的进步，师生需要在社会生产一线了解最先进的设备和设施的工艺与技术，接受社会经济组织最前沿的技能训练、生产管理和企业文化的熏陶，接受优质

的企业管理模式的影响，通过专业课实践教学，一并完成学生职业道德和职业素质的培养。高校采取走出去、引进来的方法，突破由学校单方进行人才培养的模式，积极探索校企合作的方式，使学校与企业双方共同建立对学生教育的"双元制"人才培养模式，取得一些经验和效益。目前，在"双元制"人才培养方面已经运用的模式有投资合作式、引企入校式、进修提高式、定向双元式等。同时，高职院校还通过在企业设置实践教学基地、德育基地、毕业生就业基地等方式，在校企合作方面进行了广泛的探索。实践证明，校企合作作为高等职业教育的"双元制"人才培养模式，改变了传统的学院化、围墙式的办学模式，它寓产于学、寓学于教、寓教于工、工学交替、产教融合，"产"始终围绕"教"这个中心进行，产教的有机结合，促使学生德能双修，促进了"教"与"学"的自然融合，促进了专业课实践教学与德育实践教学的融合。在这种教学模式中培养的学生，在道德方面接受了劳动光荣的环境涵养和吃苦耐劳的精神滋养，培育了良好的职业操守和职业素养，强化了理论与实践的有机结合，学生通过实习、实训、到企业顶岗实习，在毕业时已经具备了相应的职业能力。因此，校企合作办学的育人结果是"毕业能顶岗，职业素质强，就业渠道畅"。

总之，学校通过走出去、引进来的方式，搭建了一座学校与企业、理论与实践、培养与成才的桥梁，开辟了一条利企、利校、利民的多赢之路，培育了一条直接、优质、先进、规模化的，利用社会力量，融合学校教学理论，培养高质量、高素质、高端技能人才的新途径，为高职教育开辟了广阔的社会发展空间。高校的专业建设面向市场，课堂教学与工厂实训有机融合，理论教学与实训教学相互交替，相关企业的生产线就是师生的实习、实训场地，灵活的教育方式，规范的专业实习管理方式，无论是理论，还是实践的开放的办学模式，都开辟了一条与企业携手、校企合作办学、满足实训教学需求、完善学生技能、完善学生职业道德培养和职业素质提升的"双元制"人才培养模式的道路。诚然，校企合作办学还有许多需要完善的方面，校企办学的深度合作、深层次探索的路还很长，但只要在"双元制"办学育人的道路上孜孜以求地深入探索，丰富的社会生产一线就是师生实习、实训的广阔天地，高校的德育大有可为，也大有作为。

四、开放的时代要建立全球化的德育实践教学模式

开放的时代要建立全球化的德育实践教学模式，其途径有以下几点。

一是加强家校沟通，形成对学生教育的合力。就高校办学传统而言，家校沟通似乎没有形成惯例，中小学的家校沟通还在进行，到大学阶段，这个链条突然就断裂了。从多年的德育实践经验分析，家校沟通有利于学生德育的养成，但目前家校沟通很少进行，其原因有很多。第一，大部分辅导员要带好几个班级，事务性工作多，家校沟通的精力是个问题。第二，高校的家校沟通往往是在学生违反了某项校规的情况下，不得已才与学生家长沟通，目的是学院和家长一起加强对学生的教育。第三，家长比较被动，只有等校方联系他们时，才与校方沟通，而极少与校方主动联系询问学生情况。第四，高校学生来自全省乃至全国各地，客观上给家访带来难度。于是，只能在学生发生了事件的前提下进行沟通，导致家校合作育人的被动。因此，在开放的时代，高校方面应该放下架子，或通过为辅导员减少管理的班级的方式，或通过问卷调研等方式，加强与家长的密切合作。在独生子女占绝大多数的客观情况下，只要校方有意和家长沟通，大部分家长是愿意合作的。家校沟通或问卷、网络沟通的主要内容有以下几个方面：一般性沟通内容包括学生学习情况、品德及习俗、身心健康情况、兴趣爱好等；也可通过学生是否孝顺长辈、是否做家务、与邻里是否友爱互助等调研问卷，了解学生的家庭美德的基本情况，调研问卷可以通过网络发送与收回；德育专项调研可由家长或邻居回答，以相互验证调研结果的客观性。

二是通过志愿者活动，拓展德育的社会活动空间。目前，由于社会文化生活多，学生的志愿者活动也多，有高校与社会上的聋哑儿童幼儿园建立了志愿者服务协议，常年有组织、有计划地为聋哑儿童幼儿园提供无偿服务；有的与院校所在社区、博物馆、展览馆、优质的企业等社会经济组织建立稳定的合作关系，根据社会需要和课程安排许可，常年为社会提供志愿者服务，在这些无偿服务的过程中，学生在职业道德和职业素质及社会公德方面既做

了宣传，也接受了教育。

三是走出去、引进来，汲取社会优质德育资源，如道德模范、先模人物等。有的还邀请工作委员会的老同志到学校进行学院办学传统教育，在学生对学院的建设发展有历史性认识的基础上，再请各专业的专家、教授进行专业建设的过去和未来的分析讲座，使学生建立起对所学专业发展的信心和好奇心，激发学生的学习热情。

四是高校在开门办学方面进行大胆探索，有利于德育实践教学的发展。有的将优质企业的全国、全省技术高手聘请到学校，为之开设技能大师工作室。技能大师定期到学校实习场地为学生进行技术和职业道德、职业素质指导，或让学生到技能大师所在的企业进行专业或德育实践教学观摩，或向其他资质强的高校或本科院校学习，或开展对外开放的学术交流。师生可在开展学术交流和到企业的技术学习、技能交流中，吸收优质企业优秀的、现代化的管理经验、技术技能和先进的德育思想等，在领略高科技、高素质、高端技能的演示风光的同时，建立对专业的学习兴趣，建立起崇尚职业道德的意识，培养提升职业素质的主动性和自觉意识。

第三章 高职院校德育课程实践教学方法改革与创新研究

第一节 高职院校德育教学改革的方法研究

如何让"看起来重要，说起来必要，干起来需要，忙起来不要"的道德建设回归高校教育的本真地位，让未受到重视的德育回归育人的本来面目？不是要减少德育理论课程，而是要给师生说清论透的时间，但必须经过实践的体验和检验，才能让理论真正指导实践。以下就德育教学改革的方法进行研究。

一、德育教学改革之一：让未受到足够重视的德育课程回归大学教育全程

人类的幼年期（成长期）是动物界中最长的，这不只是由于生理成熟的需要，更重要的是社会化的需要，即人与人关系的成熟、道德成熟的需要。因此，德育培养不能操之过急，良好的道德需要有一个养成的过程。鉴于以下多个方面的原因，一些大学生在道德方面有一些不足。一是部分独生子女成长过程中的娇纵，大人多、孩子少，"爱幼"的传统继承了，"敬老"的意识没有养成；二是独生子女从小大多在相对孤独的环境中长大，很多学生不太会和同学相处；三是自我意识强，合作和协作意识欠缺；四是自立和自理能力、独立生活能力相对欠缺；五是缺少吃苦耐劳的精神。这些因素的形成，有主观的原因，也有客观的原因。因此，这些问题由于中、高考巨大的学习压力而没有在九年义务教育和高中阶段解决，育人压力直接转移到了大学。尽管高职院校的主要教学目标是培养实用型或应用型的高技能人才，但毕竟是高等教育系列，而且由于培养对象所面向的是社会生产一线，更需要培养完善的、能担当一线重任的人格和能力。

　　综上所述，高职院校德育任重道远。进行德育教学改革，高职院校管理层首先要真正认识到它的重要性，并能在人、财、物上给予大力支持，积极而大胆地探索德育教学改革，尤其是德育实践教学改革的新方法和新途径。经济再发展、社会再进步，在人类社会中，作为完整的人有两样东西是不可缺少的：一个是物质世界，另一个是精神世界。这两者是我们生命中不可缺少、不可片刻离开的东西。只有我们心中的道德能够引导我们做一个真正的人，过一种真正幸福的生活，我们应该敬畏它、学习它、理解它、拥有它。

　　在《曼哈顿的中国女人》一书中，作者周励总结了她的人生经验："头脑是商人的，而灵魂绝不可以是商人的。"这一句话，从不同的角度启发我们：在当前这个既飞速发展、风光无限，又沉渣泛起、泥沙俱下的时代，每个人都必须稳稳地把握自己前进的方向，必须时时呵护自己心中的道德。因此，高等教育的德育不是一个学期或一个学年的问题，德育应该贯穿大学教育的全程，既需要将以前缺失的内容进行补充，还要建立家校合作，从家到学校再到社会生产一线的实习，要对大学生进行全程关注、全程培养。这样，就给高等教育的德育提出了很多问题。一是高校的家校合作不同于中小学，学生读书都是相对邻近的学校，而高校学生来自全国各地，因此难度较大。家校可以通过手机短信或网络等现代化的通信手段进行合作，家长有参与学生管理的需要，也有和学校一起完成学生德育的责任。二是学校需要加强与学生专业实习单位的联系，制定周密的学生专业课实践教学中的职业道德和职业素质培养计划，以及企事业单位考核、评议的办法，让企事业单位给出客观的评价，直到大学生毕业时，方能对其在大学期间的德行给出定论，这个德育实践教学的过程，不仅仅是德育理论教师的责任和义务，还需要家长，甚至邻居、辅导员、班主任、学生所在系和专业的教师、学生管理部门、党（团）组织、后勤管理、学生所在的社会生产经济组织或企事业单位等分别给出单项的鉴定，最后由德育理论课教师结合德育理论教学考核给出理论与实践结合的、主客观有机统一的德育结果和道德鉴定。如此一来，贯穿大学全程的德育就形成了。因此，德育理论课程可阶段性完成，德育实践教学可贯穿大学全程。

二、德育教学改革之二：寻找德育理论教学与专业理论教学的契合点

在专业理论教学方面融和德育理论教学的思想，任何专业都与责任、担当、爱岗敬业、严谨、细致、规范等道德思想有关。道德是在人的关系中产生的，源于人的生活，所以它应渗透人的生活的方方面面。德育如果脱离活生生的人际交往，脱离生活世界的德育课，学生是很难对它产生兴趣的，也就很难形成道德体验，进行道德判断、选择，产生道德行为。没有道德体验和道德实践的德育，就成了空中楼阁或虚无缥缈的海市蜃楼，这也是目前高校德育受到社会批评和指责的原因。

在本次寻找德育理论教学与专业理论教学的契合点的教师访谈和调研中，很多优秀的、对教育事业负责任的专业课教师给出了他们的一些实践和探索体会，对本课题的研究很有指导意义。朱小曼教授说道："道德教育在本质上是人格的、生命的、完整生活质量的教育，这种教育是不可能离开智育、美育等其他各育的。它必须依托其他各育而存在，以诸育为载体，而且诸育中也应该渗透着道德教育。"高校的很多专业理论课教师也正是这一指导思想的积极实践者。例如，在"计算机应用技术"的教学中，教师首先讲述了一些由于没有网络道德自律意识，在网络中以讹传讹或制造网络谣言而锒铛入狱的案例，又讲述了一些由于不能建立良好的自律意识而成为网虫，从而荒废了学业、事业，甚至家业的典型案例，从而引导学生在学习计算机相关知识之前，只有建立严谨的网络自律意识，树立良好的网络道德，才能在网络世界里汲取有益的知识，才能在海量的网络信息中提升辨析能力等方面的道德理念和道德自律思想。同时，专业课教师贯穿于整门课程的作业部署与日常教学中，引用道德教育的大量题材，用实际生活中的例子，教育和引导学生要在网络世界里辨别真伪，即便是"宅"在家里也要慎独。对于这样的专业课教师，学生的第一反应会认为他是一个恪守职业道德和具有专业道德知识的负责任的好老师。

有的专业课教师结合专业理论发展的过去、现在与未来，讲述了我国在该专业方面取得的辉煌成果，从而培养了学生的爱国情操并建立了专业学习的自信。有的专业课教师在进行专业理论教学或专业课实践教学中，对学生进行企业或行业的职业道德、职业素质，以及企业安全、生产安全及国家安全的教育，教育学生恪守职业道德，从建立良好的职业素质入手，展开专业知识的理论与实践教学。有的专业课教师引进现代企业生产和安全管理的措施，进行职业道德教育和职业素质的培育，使学生在学习本专业的同时，了解现代企业的管理和生产一线方面的信息，增强了学生学习专业的严肃性，也完善了一些企业生产管理和安全管理等方面的知识。也有的专业课教师在讲述专业课时，注重对学生的法律意识进行教育和引导，比如在专业课教学过程中，结合专业特色，联系社会实际，把在学校遵守校规校纪同在社会上遵守法规法纪进行对比教育，从而引导学生树立法律意识和用法律约束自我的自觉性。总之，在专业课教学中融合德育知识的教学，体现了教师德育与智育的自觉融通意识，能提升学生对本专业的学习自觉性，受到学生的欢迎。还有一些内容，如勤劳、勇敢、诚实、守信、公正等基本德目，这些德目虽然具有历史的、民族的、文化的差异，但它们却包含着人类文明共同的、基本的价值取向，是不受地域、人种和时代影响而可以世代相传的，是在各专业中都可以通融和恪守的、最基本的道德准则。无论是德育理论教师，还是专业理论课教师，需要思考的都是如何建立德育理论教学与专业理论教学的相互融通的辩证关系，让二者统一到共同的道德认知上来。这种共同的道德认知，起源于任何职业都需要建立的道德共性，如忠于职守、认真专注、精益求精、勇于攻关、善于钻研等。德育理论和各专业理论之间有各自的学习研究方向，但又高度统一于高尚的道德情操支配下的专业建设与研究，而这种研究需要一种思维方式的转换。正如人与环境的关系是辩证统一的一样，教育者的价值引导与德育对象的自主建构之间也是一种辩证统一的关系。然而，正如要想理解人与环境之间的辩证关系需要超越直观思维并转而运用以实践论为基础的辩证思维一样，理解教育者的价值引导与德育对象的自主建构之间的辩证统一关系也需要这种思维方式上的转变。这种思维方式的转变，有利于我们获得德育理论教学与专业理论教学的契合点，从而获得二者的辩证统一和相互融合。

三、德育教学改革之三：从单纯的德育理论考核到贯穿大学全程的德育实践教学考核

这里首先涉及的是考核主体，如由什么人参与考核的问题；其次涉及考核客体，如考核对象，而考核对象恰恰又是考核主体的整个育人效果的真实反映；最后是考核内容和考核方式的设计等。

第一，就考核的主体而言，传统的德育考核大多数是由德育理论课教师完成的，教育职能所涉及的范围，就局限在德育理论教学、作业、考试等环节中。一门德育课程在一个学期或两个学期（除德育专业的学生外，极少有一门德育课程上两个学期的）的授课后，经过理论考试，就宣告结束，1～2个学年后，德育在大学就不存在了，如果说有，也仅仅是第二课堂教育。接受第二课堂德育的学生可根据自己的兴趣做出选择，或者有的仅限于学生干部或入党积极分子。德育教学改革之三的内容，就是革除这种"一次性"德育，让德育贯穿大学乃至人的一生。大学期间的德育，在德育理论教学完成后，可根据学生的需要开展各类活动，如学生参与院系活动、班级活动、社团活动、志愿者活动或寒暑假的家庭美德考核、社会调研和社会实践活动，以及学生专业课实践教学等。所有这些活动都有组织者，这些活动的设计者或组织者同时担负着对学生的德育实践教学考核的任务，这些方面的考核可以是优秀、良好、合格、不合格，不一定需要量化赋分，但这些考核结果最终要汇总到德育理论教学的教师处，德育理论教学老师综合学生德育理论考核情况，在学生毕业离校前，给出学生贯穿大学全程的德育考核的最终成绩。

第二，就考核的客体而言，其既是学生，也是每一位教师自身。为什么这么说？因为德育不同于其他的课程，德育在教与学的过程中是互为人师的，相互是各自的镜子，看见别人，也照见自己，因此可以设计为师生相互考核的方式。大自然的运行有它的法则，如作用力与反作用力的原理，

教与学、教与被教都是教学相长、相得益彰的。如果没有优秀的教师，何来优秀的学生？因此，德育教师与学生的关系是互为人师的。德育教师如果认识不到这一点而自以为是，仅会夸夸其谈，没有优质的人格魅力，德育效果便可想而知了。科学、公正、客观、现实的德育考核机制，也是一种有效的德育资源。教师的主导功能只有在这些方面发挥作用，学生的德育才能落到点子上。因此，学生的学有赖于教师的教。德育教师要善于自省，引导学生"三省吾身"。

第三，就是考核内容和考核方式的设计。考核内容要围绕学生在校期间的全过程，除了以上提到的学生参与院系活动、班级活动、社团活动、志愿者活动或寒暑假的家庭美德考核、社会调研和社会实践活动，以及学生专业课实践教学活动外，还有两点不可忽略，即学生的宿舍和食堂这两个点的考核。在宿舍和食堂也会发生一些不良现象。因此，教育学生如何适应大学生活和如何进行心理调适和准备十分重要。就宿舍就寝而言，在家里住惯了一人"标准间"的独生子女，在高校期间是否与来自五湖四海的同学团结友爱、友好相处也是要考核的重要内容之一。设计了考核项目，就要关注考核内容；关注考核内容，就要在平时加强教育和引导。对于专业课实践教学过程中出现的安全问题，对于各类活动安排所涉及的安全防范措施，对于宿舍管理的安全问题和道德问题，对于学生在校期间出现的涉及纪律处分或治安行政乃至刑事处分的问题，都要依据情节和程度，通过定量或定性的方式设计出考核标准，给出科学、公开、公正和客观的考核结果。为了尊重和维护学生的利益，对于涉及学生个人隐私的问题，考核结果可以不公开。总之，高校的各项管理只有建立在依法治校和以德养校的前提下，师生的道德修养才能有法规和政策所依，才能做到既遵循优良的德育传统，又能结合时代进步的特征进行教育和管理。

四、德育教学改革之四：建立健全德育考评机制

如同高校教学做一体化的办学模式一样，也应建立德育考核和评价一体化的考评机制，完善德育实践教学考评机制；建立包含辅导员、专业理

论课教师、实习指导教师、实习企业、家长、德育教师、管理层和后勤总务等人员在内的全员评价机制，从根本上实现德育的全员参与、全员管理的大德育观。在全员参与管理的过程中，也提升了管理和服务人员自身的职业道德与职业素质，因为良好的管理和服务原本也是一种德育资源。即便是食堂餐饮服务的工作人员，如果自身没有为学生提供卫生的餐饮环境和可口的饭菜，引用"破窗理论"来说，就无怪乎学生在就餐过程中随地乱扔果皮纸屑或残汤剩羹了。因此，无论是管理、教学，还是服务，都应在建立健全自身考核机制的基础上，建设对学生德育实践教学的考评机制。无论是管理人员，还是服务人员，对于学生的不良道德表现，不再只是评论员，而是直接的管理者、考核者，以及科学、公正、客观、实际的评价者。所有考评方式的设计，都要考虑到便捷性和客观性，并注意在考评过程中随着时代的变迁和考评工作的需要，做出动态调整，但要做到持之以恒，而非一时一刻的头脑发热，或为了达到什么评估或考查目的而进行"一过式"的管理或考评。道德修养是一门贯穿人一生的课程，任何为评估或考查设计的"道德成果"都是不道德的。只有遵循道德养成的规律，坚持不懈地追求持之以恒的德育精神，才能收获真正的成果。

目前，高校在全面提升大学生综合素质方面有着积极的探索，贯穿大学全程的人文素质教育体系也已形成，有着大量的与德育相关的内容。而问题是如何将思想道德修养理论课教师与学生日常活动，以及学生参与社会生产实践和社会活动的内容通过德育实践教学的途径，建立一套行之有效的考核评价体系，这对于贯穿大学教育全程的德育评价是至关重要的。根据现有的德育实践教学的探索，可建立以下考评体系：关于学生家长对子女家庭美德现状的考核、关于企事业单位对实习学生职业道德（素质）现状的考核、学生在校期间德育实践活动现状的考核、学生在校期间德育考评鉴定。

五、教学方法：教师研究的永恒主题

教学方法是教师教学研究的永恒主题。面对学生，面对教材文本，教师应该如何在教育实践中规范、科学、严谨、入情入理地履行教学义务，如何有效地实施教学，这是值得不断探索和深入研究的。

教学过程首先是教师对教材文本知识的消化、展化（或深化）、内化过程，其次是教师通过学校教育的途径，按照教学计划和教学大纲的要求，将教材文本知识在教学过程中转化给学生，达到教化、同化，最后是教师引导学生通过异化的手段走向理性升华，达到创新知识的目的。这是一个过程，是一个教师对教材文本的消化→展化→内化→转化→教化→同化→异化→升华的过程。在这个过程中，教师的教学方法对促进学生的知识吸收起着至关重要的作用。

消化是教师吃透教材文本的过程。在这个过程中，教师的职责是认真备课。教师备课，要看的、要准备的首先是依据计划和教学大纲规定的教材文本，教师对教材文本的理解要有一定的深度，要在吃透的基础上充分地吸收、消化，使教材文本的基本内容融入教师的思想中。除此之外，教师备课的内容不只限于教材本身，还要涉及教材提及的许多边缘学科，深化教材文本内容，这就在无形中向教师提出了拓展知识视野的客观要求，所以教师的教就必须实现第二步——展化。

展化是教师博览群书、拓宽视野的过程。教师要拓宽的视野很多，包括知识视野、社会视野和生活视野。过去我们说，要给学生一杯水，教师要有一桶水。在知识经济日新月异、飞速发展的今天，许多知识在迅速地提升着，知识成为动态的、变异的、游离的，在这样的状态下，教师的"一桶水"如果不及时更新，可能会成为过时的，甚至是对学生造成误导的、无意义的"水"。在这种情况下，教师要想站稳讲台，要想站在讲台上不脸红，就要在教学实践中不断学习，增加"内存"，扩大"硬盘"，使自己的知识之水成为一眼不断更新、喷涌的泉水。别小看这一潭清水，在教学过程中，一潭清水为学生带来的益处有可能是终身的。教师拥有这一潭清水才能在讲台上自信地与学生展开沟通和交流，讲课才能做到游刃有余，当教师的课能够做到旁征博引、机智灵活、举一反三时，课堂上学生的思维就会活跃，教师就会给学生留下博学多才的印象，教师在日后的教学中也会因为受教育者的尊重而充满自信。

内化是教师将教材文本知识深化成自己的人本知识的过程，就是将教材文本知识在备课中学精、学深、学透，将教材文本知识内化到自己能够用语言形象地表述清楚的地步，而不是刻板地围绕教材谈教材，这样容易导致学生产生厌学情绪。当教材文本知识真正内化成自己的知识时，当教师通过学习将某一理论提升到一定高度时，在教学过程中，教师的思维是极为活跃的，可以在课堂上根据学生的情绪，围绕学生的迷惑，联系并列举发生在社会中、生活中、学习中的事件或案例，通过"讲述老百姓自己的故事"的方式，厚积薄发，由浅入深地引导、启发和教育学生，直观的、形象的教学案例，有助于学生对教材的认识和理解，有助于使学生认识到所学的知识距离自己很近、很有用，以激发学生的学习兴趣。这种情况下就可以实现教学过程的第四步——转化。

转化是教师实施教学实践，贯彻教学计划的具体过程。这是教学过程中具有实质性的一步，是非常重要的一步。教师因为有了必要的、准备充分的备课，从而自信、严谨地站在讲台上，将内化的知识通过学校教学的途径，以讲课的方式转化给学生。这种转化是教师教学实践的提升，是教师对教材文本知识的再认识，也是学生和教师一起完成教学任务的关键过程。在转化中，教师面对不同学生时，教学方法能够随机应变。在现实教学情境中，教师有许多教法和教学经验是只能意会、不能言传的。不能言传并不是教师的教学语言和教学行为有什么忌讳和神秘的东西，而是取决于教师的教学经验和对学生的了解程度，当师生相互了解、理解时，就产生了"心有灵犀一点通"的教学效果，此时教师的一个眼神，一个细小的动作提示，都可能对教学产生作用，对学生产生一种意想不到的效应——期望效应。在转化的过程中，教师可能在教学过程中即兴发挥，将教材文本提升到一个新的高度，此时的教师，也在教学过程中体验到教育职业的乐趣和高尚。教师在向学生转化教材文本知识的同时，站在讲台上，无论是站相、说相、教相，教师的每一个教学行为都成为成千上万双眼睛关注的对象，是教师修养的"亮相"。这就是太阳底下职业的高尚与光荣，但这种高尚与光荣是需要教师不断"修炼"的。所谓"修炼"，就是教师要修炼到站在太阳下，无论从哪个角度，都能做到接近满分。教师在教材文本知识的转化中充满了教学的艺术性和科学性，是教师最值得探讨的、重要的教学环节。因此，格累哥利·那齐恩曾（Gregory Nazianzen）说："教育人是艺术中的艺术，因为人是一切生物中最复杂和最神秘的。"①

教化是教师将教材文本知识传授给学生的过程。学校教育对人类的教化作用是巨大的。教育促进了人类的进化和发展，使人类超越了其他生物物种的进化速度，摆脱了原始人类的愚昧时期，高速发展到今天的文明时代，教化的作用是毋庸置疑的。教化使人性得到开发，使人类走向文明。教化就是教师在自身吃透教材文本知识后，将教材内容按照教学计划和教学大纲的要求传授给学生的过程，通过教师的"教"促进学生对知识的内化。这个"内化"不是教师的"内化"，而是教师通过"教"的途径，引导和教导学生对教材文本知识的"内化"，只有学生真正学会和理解了，教师的"教"才达到了目的。教化的内涵是十分广泛的，教师的教的观念和行为，不仅对学生产生影响，而且可对学校周边环境产生良性影响。从一百多年前美国哈佛大学对其南墙外贫民窟的文明教化和影响，到今天我国每一座城市，只要是大学集中的地方、大学举办年限较长的地方对周边环境的人文影响，都是有目共睹的，这种影响产生了积极、文明、进步的教育意义。学校对人的教化和影响是潜移默化的，它在实现对学生教化的同时，默默地影响着学校周边的人文环境的变化和变迁，这种教化作用促进了社会精神文明建设和物质文明建设的同步发展。和谐社会也要在和谐的教化、和谐的理念的引导下得以实现。

同化是教化目的实现的结果。教师在实现教材文本知识的转化和教化的过程中，与学生一起同化知识，同化得越彻底，学生掌握的知识就越牢固，教师的"教"也实现得越完美。教与学两个方面对同化的知识是各有所需、各有所取、各有所获的，教师在同化教材文本知识的过程中熟练掌握了教法及教材文本知识，而学生则在教学过程后掌握了教材文本的知识。在同化过程中，教师和学生一起分析案例，剖析发生在师生工作、学习、生活中的事件，

———————
① 夸美纽斯. 大教学论 [M]. 傅任敢，译. 北京：教育科学出版社，1999.

一起对教材文本进行学习、认识、消化、内化，对教师来说是提升，对学生来说是加深印象。同化过程不仅是师生对教材文本知识的内化，在教学过程中，师生情感也在逐渐同化。后现代教育理念使教师走下讲坛，与学生融为一体，实现着心灵的交流和交融，将新知识通过教学，同化到师生的心灵深处。走下讲坛，深入学生，理解学生，也是教师打破两千多年的"师道尊严"与现代文明同化的过程，是人类文明的进步。

异化是师生对人类知识的反思和创新。异化就是在教学过程中，启发学生对知识的逆向思维能力。反对机械地学习，机械地学习充其量使学生成了人类现有知识的储存器，而教育的目的不是这样的。人类的文化知识都是在反思和创新中逐渐发展起来的。异化教育、异化知识（或许是一个教育研究的悖论），倡导和培育的是学生逆向思维的意识和精神，培养学生敢于质疑、敢于打破常规的精神。自古英雄出少年，许多中学生敢于挑战教材文本，在解题时，能开发多条思路，使知识得到丰富、提升、完善和发展。任何真理都要受到某一时段人的认识水平和认识能力的制约，真理应在实践的基础上得到进一步检验和发展，也可以在学校教学中得到实践、验证和发展。而异化教育，是对已有真理的深刻反思，是对诠释真理的方式及途径的挑战。

升华是通过异化和创新原有知识而上升到新的理论层次的过程。教学不是仅仅"传道"和传承人类原有的文化知识，而是要在"传"与"承"的同时，对变动不居的大千世界进行研究和探索。教师"教"的过程，也是不断"学"的过程。尤其是在当今时代，高科技的发展促使学生的知识视野很开阔，在后现代教育中，存在着教师的"教"的主导作用和学生的"学"的主体功能。因此，教师要实现科学的"教"，就必须研究自己的教育对象——学生，这样才能实现因材施教的科学教学方略，才能在教学实践中与学生一起同化教材文本知识，并且使教材文本知识有一个探索、创新和升华的过程，也就是知识异化和升华的过程。古往今来，知识都是在传承中得到提升的，否则我们依然在"之乎者也"的迷宫里兜圈子，依然在"地心说"的理念下自以为是。

教师还要开启学生的"三道门"。一是开启学生的"天门"——智慧之门。学生经过多年寒窗苦读，他们有的学累了、学厌了，有的面对新的知识科目无所适从。作为教师，要调动起学生对所学课程的积极性，引用一个典故或案例，激发学生探求新知识的兴趣，打开学生求知的智慧之门。二是引导学生"入门"。学生从小学到初中再到高中，语文、数学、物理、化学乃至音乐、体育，似乎近十年的知识结构都有一定的连贯性，而进入专业学习，知识的关联性似乎不那么强了，学生需要换一种思维方式来思考和学习，而教师就是引路人，将学生导入新的学习思维空间。老话说"师傅领进门，修行靠个人"，就是这个道理。三是启发学生"出门"。引导学生从书本中跳出来，走向社会实践和创新。知识是为人服务的，如果教师将知识教死了，学生学呆了，学得只会考试，不会动手，不知怎么干，是不行的。尤其职业教育是为社会经济服务进行的教育，因此教师必须具备引导学生走出书本、走向实践、走向社会的技能和技巧。

教学方法就如同教师的个性一样，丰富多彩，千姿百态，尤其是技工教育和职业教育注重实践的特性，更加赋予了教学方法直观性和形象性，它集逻辑思维和形象思维于一体，集对事物的理性认识与感性认识于一身，为从事技工教育和职业教育的教师提供了更为广阔的研究空间，只有在教学实践中不断学习提升自己的教学科研能力，才能自信、有意义地从事这"太阳底下最崇高的职业"。

这里要谈谈关于异化的教育与教育的异化的问题。教育原本的目的是使人类得到解放、得到发展，促使人性向着文明进步的方向发展，但现在的教育已经被日益增长的知识压得透不过气来。为了消化不同专业的巨大的知识群、知识库，学生的大脑似乎成了不断增长、无限扩大的硬盘。但在知识经济时代，知识日新月异的递增似乎到了储存知识都来不及的程度，计算机硬盘不够用的时候，产生了软盘——A 盘，很快又有了光盘，紧接着就用 U 盘，U 盘的存量不断地扩大，又有了外接大容量硬盘……但人脑对知识的把握是循序渐进的，"填鸭式"的教育只会使成长中的青少年厌学，甚至辍学。表现在现实中，对人的教育就是不断地给中小学生增加学习科目，由原来的文化知识教育发展到利用业余时间学习英语、计算机、乐器、声乐等各类"特长"。如此一来，教育便失去了原有的意义，成为随着人类知识的增长而给人们带来的一张越织越密、越织结构越复杂的网，这张网将人性、人的智慧和人的灵感乃至天赋死死地网住，使人类失去了特有的灵性和活力，制约了创造和创新。这种教育产生的效果是异化的教育，教育中的学生被异化成了"书柜""书橱""知识储存器"。

异化的教育不是因材施教、循序渐进的教育。家庭、父母、学校、教师在同一阶段，对成长中的青少年采用"填鸭式"的教育方式，其结果是使原本求知欲很强的青少年，面对庞大而无际的知识体系，面对教师对所谓"标准答案"的枯燥、刻板的解析，渐渐失去兴趣，望而生畏，直至厌学。对于部分一路"高分"进入知名中学的"好学生"，老师、家长包括其自身都对未来充满了过多的期待，在这高期望值的重荷之下，某初中毕业生高分考入某省重点高中后，仅仅因为第一学期期末考试个别课程名次没进入前三名，就无数次质问自己：我怎么就不是第一呢？我应该是第一的……高处不胜寒，最终，学生精神崩溃。

与其他生物物种相比，人类之所以摆脱原始和愚昧，迅速发展到今天的现代文明，就是因为善于总结，善于在总结中进行文化传承和提升，善于在进步中发现和研究规律并进行理论提升。这是一个实践—认识—再实践—再认识的过程，在扬弃中传承、在传承中创新极大地促进了人类的进步与发展。优质的教育是构建在对现实社会发生的一些不和谐现象的反思和认识基础之上的。教育永远是为人类、为经济建设服务的。各类教育的迅速发展，极大地促进了社会经济的发展。发展经济的目的是满足人民群众不断增长的物质文化生活的需要。然而，为了发展经济，粗放式的经营管理模式导致生态破坏。当沙漠不断扩大，当沙尘暴对人类的生存造成伤害的时候，我们再怎么反思和纠错，付出的代价也是很大的。"十年树木，百年树人"的道理告诫我们：教育出现的闪失，对知识分子造成的心灵创伤和对知识的践踏，不是一个"十年"就能挽回的。改革开放四十多年后的今天，人们要追求美好生活，优质的教育环境的确需要全社会的关注，应该从小抓起。重视教育是件好事，但其结果又怎样呢？孩子们面临着一个怎样的教育环境呢？在人本理念、人本管理的今天，社会为成人提供了充裕的休闲时间，成人和社会又为孩子们提供了什么呢？大人用休闲时间为孩子们安排了这样那样的业余学习；为迎合大人的需要，社会为孩子提供了这样那样的业余学习内容，从文体美、数理化到各种"特长"技能的完善等，孩子应接不暇，在原本应该快乐成长的年龄，被过重的课业负担压得透不过气来，原本快乐的学习演绎成激烈的竞争，原本快乐的成长演绎为成长的烦恼。大人将几代人由于种种原因没有实现的大学梦，全部寄托在了孩子稚嫩的肩上，这又是一种现实中普遍存在的教育的不和谐。由于我国人口众多，满足人们的教育需求能力的有限性，以及家长和孩子对优质的教育资源需求的激烈竞争性，使孩子们成为中、高考的竞争对手，在这种竞争的催促中，鲜活的教育逐渐变异，异化成重负、压力的代名词。这种异化的教育，像玫瑰陷阱一样，在"黄金屋""颜如玉"的诱惑下，导致学生误入迷途。

就学校的教育与社会的需求而言，似乎有一道屏障在阻隔着大学发展与社会进步的连接，使得社会有效人才需求不足，而同时学校人才培养过剩，大学生就业困难。其实，这是因为学生的培养与社会的需求有一个距离，社会需要复合型的高端技能型人才，而学校培养的是学历型的知识人才。"在学校中获得知识的真正目的是，当它需要的时候，寻求怎样获得知识，而不是知识本身。"[1]这就是我们现在培养的人才与社会所需求的人才的差异所在。总之，我们的教育有必要进行深刻的反思，并采取行之有效的措施进行完善，这种完善需要一种人与人、人与社会发展、人与自然进化的生理和心理方面的协调与和谐。世界上的事物是普遍联系、相互制衡的。目前，异化的教育仍有其巨大的气场和环境。以上所列问题是教育问题，但人的教育是一个复杂的过程，亟待一个有机融合的社会大环境加以解决。

首先，人的教育从出生乃至更早（如胎教）就开始了，此时的教育叫作家庭教育。在我国经济不富裕的时候，受四世同堂传统文化的影响，家庭老、中、青、幼呈现的是一个合理的相互照应、相互教育和相互影响的大环境，

①约翰·杜威. 学校与社会·明日之学校 [M]. 赵祥麟，任钟印，吴志宏，译. 北京：人民教育出版社，2005.

东西少，但有老有少、扶老携幼。敬老爱幼、友爱互助、勤劳节制的美德在成长过程中、在长者的循循善诱下自然而然地养成了。但是，现在经济富裕了，房子大了，家庭小了，物质丰富了，孩子满足了，只有爱幼的氛围了，没有敬老的环境了，家庭教育也随之缺失了很多有意义的内容。因此，以上问题的出现是由于教育环境、教育情境和教育环节的缺失，导致教育意境缺失。在激烈的教育竞争中，经历了激烈岗位竞争和社会竞争的家长，将更多的精力放在了对子女的各类知识、技能或专长方面的教育上，异化的教育成了孩子接受教育的枷锁。

其次，由于社会发展处于转型期，各种利益关系交织在一起，社会组织更多地关注经济效益和工作效率，对道德建设方面和法治教育不够重视。有组织的人群还有组织章程制约，没有组织和任何信仰的、没有任何敬畏心的人则无法无天。社会组织对人的教育管理相对松懈，一个人步入社会后，接受的教育更多地来自人的自律。社会组织有教育的要求，没有教育的义务。出了问题有公检法，没有问题各自有岗位和业务。但是，法治是无法替代道德建设和教育的，修德悟道、修身养性是人一生都要追求和关注的。我国宪法规定，任何人都不能剥夺公民受教育的权利。对父母不孝顺、不道德，应该受到社会舆论的谴责。优秀的传统文化是我国的主流文化，对每个人都产生着潜移默化的影响。因此，引导读书也好，弘扬孝顺传统也罢，我国的主流文化都是健康向上的，尤其是我国面临社会文化大发展、大繁荣的今天，先进的文化必将对人产生好的影响。

最后，回到学校教育。目前，大部分学生是独生子女，个性强，但意志不强。近年来，各高校的急剧扩招，客观上造成了学生数量的急剧膨胀而管理人员相对紧缺的状况。随着社会经济结构的调整，社会贫富差距拉大，社会阶层日益复杂。另外，部分学生经济富足但生活经历简单、经验贫乏，辅导员、班主任、专业老师面对的学生的教育和管理难度也日益增大。尤其是大学阶段的德育，部分学校政策上重视，专业上轻视，教育手段、考核手段单一，对大学生的德育考核也是以分量裁。教材中虽然设置了家庭美德、职业道德和社会公德章节，但没有科学、有效的考核测评机制，一些学生或许在校期间的德育成绩是合格、优秀的，实际上却缺乏正确的人生观念。总之，大学期间的教育更多关注的是专业知识，从根本上忽略了思想道德修养教育。异化的教育没能兼顾德与能的全面发展，在道德修养和道德教育重视过程不重视效果的前提下，大学生从业后的道德失范，社会将之归咎于教育也是可以理解的。

严格地说，人的教育首先要完成的是使人成为人的教育，而使人成为人的教育，首先就是永不言弃的思想道德修养，这是在人的一生中都要随时研修的。但改革开放以来，我们的教育在这方面客观上有所缺失。一些不良事件引发了社会道德大讨论，在教学案例中，师生也一起讨论，但最根本的问题是教育要进行根本的改革，到了非改不可的时候了。素质教育不能只喊而不落实，在落实的过程中，要关注人的全面、健康、和谐发展的哪些方面，必须有明确的考核体系。否则，异化的教育、缺失道德的教育、没有远大理想和社会责任的教育只会让期待成为永久的期待。任何知识的开发和创新都是建立在崇高的理想信念和坚强的意志品质基础上的。

异化的教育的对立面是教育的异化。教育的异化是人类对原有知识的扬弃性继承和创新性发展，可起到传承知识、延续文明、文以化人、弘扬仁性、解放人性的作用。"教是为了不教"是教育结果的极致；"为不教而教"是教育工作者实现教育的终极目标。知识在原有基础上根据社会进步和科技发展的需要发生变异，出现了新的异化，异化出无数的新知识，新的学科分支枝繁叶茂、不断扩张，直至今天的知识大爆炸和日新月异的高科技时代，这不仅仅是教育的成功，亦是教育的异化。异化是师生对人类知识的传承、反思和创新。教育的异化是教师在教学过程中，启发学生对原有知识的大胆质疑、研究，教育的异化培养的是学生辩证的逆向思维能力。异化是人的能动性发挥作用的结果，是原有知识的变异、升华。

教育应尽量避免机械灌输下的机械学习，机械学习的学生成了人类现有知识的储存器，而教育的目的不是这些。人类的文化知识都是在反思和创新中逐渐发展起来的，没有网络的时代，互联网、局域网、网吧等一些网络概念和词组是不存在的。不仅这些，网络的发展正在使用一些新的字，如"囧"。

可见，如果人类在教育和知识的问题上循规蹈矩，或许今天我们还自以为是地在"地心说"的概念中津津乐道。因此，知识变异的前提就是学者在学习、研究基础上的广泛探索和大胆质疑，以及对原有"真理"的不断挑战，这是人类知识和文化发展的原动力，是创新的不竭源泉。

教育的异化，印证了"道可道，非常道；名可名，非常名"的哲理，是对已有真理的深刻理解、深入研究、深刻反思，以及创新、提升，也是对诠释真理的方式及途径的勇敢挑战和积极探索。异化的教育禁锢人的智慧，教育的异化在发挥人的能动性的同时，将人类固有的知识、文化向纵深探索，从而得以创新和升华。

德育理论有统一的教材，一个群体的学生学习有相对统一的进度，但德育实践教学不能忽略学生的个性。江山易改，本性难移，说明了人的个性特征是难以泯灭的，德育实践教学应因材施教，要关注、尊重并适当地发展学生的个性，不能简单地采用以一概全的管理模式。面对"钱学森之问"，我们要说：任何抑制学生个性发展的管理措施和行为都是不道德的。如果完全用教师眼中的传统意义上的"好学生"来看待比尔·盖茨、爱迪生、爱因斯坦等，他们有的辍学，有的上课"胡思乱想"，不守纪律，有的就是老师眼中的"笨学生"，但正是这些"异想天开"，成就了他们的事业。《人民日报》的文章《考试"绑架"了什么》中提道："首先，考试'绑架'了学校的日常教学。""当教是为了考，学也是为了考，学英语自然是为了英语试卷满分，只要得了满分，哪怕是'哑巴英语'也无妨，难怪外教看不懂！""其次，考试'绑架'了孩子们的兴趣爱好。""但从根本上说，却在'绑架'着孩子的创造力，绑架着国家、民族的未来。"这或许是对"钱学森之问"的回答之一吧。作者在文章中感慨地写道："难忘诺贝尔奖颁奖仪式上莫言的演讲。他说，儿时辍学放牧牛羊，周围看不到一个人影，躺在草地上，望着天上的白云，脑海里浮现出许多莫名其妙的幻想，'做梦也想不到，有朝一日，这些东西会成为我的写作素材'。躺在草坪上望天，在讲效率的现代人看来，可谓浪费时间之极。可是，有朝一日，这些'无用之用'也许就会灿然生辉。因为它可能在不经意间，像鸡汤一样慢慢滋润人的心灵。试想，如果莫言生活在今天的时代，被家长拉着辗转于各类作文辅导班、提分班，把玩泥巴、看白云的时间都用在背重点、记要点上，诺贝尔文学奖还会与他有缘吗？"试想，当德育也被考试"绑架"，其结果又会如何呢？因此，探索德育实践教学是高等教育迫在眉睫之举，德育实践教学还有很大的拓展空间，德育实践教学应当回归德育本身，并在德育实践教学中回归美、发现美和丰富美，师生的人生才能完美。

第二节　德育课程实践教学与专业课实践教学的融合创新

无法想象，阿基米德、牛顿、爱因斯坦、爱迪生等科学家、发明家的研发能力若掌握在希特勒手里会是怎样的结果？这里要说明的一个问题就是若高端技术和高端技能掌握在一个无德的人手里会产生不可想象的后果。因此，我国高等教育注重大学生的思想政治教育和德育是必然的趋势，是十分重要和必要的。高校要借助专业课实践教学的纽带，搭建起一座德育实践教学与专业课实践教学融为一体的桥梁，为学生修一条通往德智体美劳全面发展的通途大道。

一、专业课教学融合德育教学的探索

美国波士顿大学教授凯文·瑞安（Kevin Ryan）在总结了二战后美国道德教育的得失后，提出了五个"E"的新道德教育模式，即"榜样"（example）、"解释"（explanation）、"劝诫"（exhortation）、"环境"（environment）和"体验"（experience）。这种新道德教育模式，不但明确了教师的"榜样"示范、检查与纠正的作用，以及教师传授知识的方式方法，而且注重学生的学习环境和"体验"，充分体现了德育教学的职业性、实践性、针对性。

在专业或专业基础课程中，职业化的教学环境、教学内容、教学方法为学生提供了良好的德育"体验"平台，但如何将专业知识和技能的教学与德育教学有机结合，让德育知识自然而然地渗透到专业知识的教学中，则需要我们在不同的课程中进行探讨和研究。下面以"模具图样识读与绘制"课程的教学活动为例进行阐述。

（一）明确融入德育教学的内容

"模具图样识读与绘制"课程是模具设计与制造专业的专业基础课程，它贯穿于本专业的整个教学过程。同时，其又是从事模具制造业人员所应具备的岗位基本能力，具有较强的实践性和应用性，在机械加工中画错或读错图将会造成重大的损失。可见，图样在工程技术中有着重要作用。因此，在学习专业知识的同时，应将以下德育教育内容融入教学过程中。

（1）尊重科学、实事求是的认知观。例如，建立严格按照国家相关制图标准绘制图样的思想意识，培育严谨有序、循序渐进的学习方法和不耻下问的学习精神等素质。

（2）爱岗敬业、诚实守信的基本职业道德。例如，在进入专业课学习的前期，需要建立耐心细致的工作作风、严肃认真的工作态度，以及干一行、学一行、钻一行的精神。

（3）文明礼貌、助人为乐、爱护公物、保护环境、遵纪守法的社会公德教育。例如，尊敬师长（师傅）、遵守实训车间（室）的各项规章制度和学生守则，严守拆装时的安全操作规程，养成吃苦耐劳、积极主动完成训教场所环境的清理与整理工作的品格。

（4）集体主义思想的教育。例如，团队成员共同协作完成学习任务，形成敬业乐群的学习氛围，开展互帮互助的学习活动，等等。

（5）乐观、进取的人生观。例如自尊自信、勤奋学习、知难而进、勇于克服困难等。

（6）积极、健康的价值观。例如独立完成学习任务的责任感和自豪感、培养对模具图样的审美能力等。

以上德育内容应在专业课中和谐地互相融合，对促使学生建立严谨的学风、培育与专业相关的职业精神非常有利，在完成专业课教学的同时，完成与专业建设相关的职业道德培养，避免职业道德教育与专业课学习"两张皮"的被动且机械的局面。

（二）构建"教、学、做"一体化的知行合一的实习、实训场所

建立具有职业氛围的现代化教学环境，引入知名企业的文化元素和管理模式，如海尔现场"6S"管理模式等。同时，实习、实训场地要便于学生的"学和练"及教师的"教和训"（实习教学）。

（1）方便教师利用多种手段进行授课。教室配备黑板、多媒体教学系统、专业教学的实物与教学模型等教具。

（2）方便学生讨论和完成项目。学生桌椅的排列以小组的形式布置，学生的书桌即为测绘的工作台，方便学生边学理论边操作，并配有测绘工具、通用量具、图板和丁字尺等。

（三）开展基于工作过程的教学活动

在教育家陶行知先生"教、学、做合一"的教学方法论中，"教的方法根据学的方法，学的方法根据做的方法。事情怎样做便怎样学，怎样学便怎样教。教而不做，不能算是教；学而不做，不能算是学。教与学都以做为中心，在做上教的是先生，在做上学的是学生"。在"模具图样识读与绘制"课程中，开展基于工作过程的教学活动，将职业岗位所需要的读图与绘图的知识和技能与相关的德育内容兼容并蓄、相互融合，贯穿于教学过程中。在整个教学活动中，教师是导演，学生是主角，学生在教师的引导、启发、示范、督查下，通过完成一系列的任务或项目，逐步理解和掌握相关理论知识和技能。同时，学生也感受到获得成果的喜悦与自豪，学习的主动性和能动性就会得到发挥和提高。

另外，教师需要熟悉学生的学习状况，因材施教，合理分配学习任务，让学生达到力所能及的程度，调动各类学生的学习积极性，激励学生的创新能力和学习欲望。

二、核能源可以造福人类，也可以毁灭人类，要看什么德行的人掌握了它

当核能源被有德行的或道德高尚的人掌握，可以造福人类；如果掌握在德行缺失的人手中，对人类将是毁灭性的灾害。因此，可以断言：任何专业知识的习得，没有高尚的道德意识支撑，没有崇高的道德知识把握，没有规范的道德行为履职，知识把握得越多，残害人的手段越高，为社会带来的危害越大。一些名校学生因竞争而突破底线就是一个警示。

如何使学生建立高尚的道德情操、道德认知并以此规范他们的道德行为？德育要引导师生站在一定的高度，开阔视野，面向未来。在这方面，有的高校的领导十分重视对学生的认识生命、珍惜生命、尊重生命的教育，学院的党委书记亲自为学生开设生命教育和孝文化的专题讲座。考察生命的视野决定了对生命的最终理解，隔断未来的道路，就难以看到更终极、更伟大的东西。只有在更高的境界中，才能与伟大、美好、纯洁、信仰和力量相遇。人如果只站在生命之中，可能会被生命体验的有限性迷惑。人认识到自由属于自己时，就会有信心；当人离开自由，发现自己的意志无能为力时，就将失去目标与信心。高校通过"知行讲坛"的形式培养学生尊重和理解生命，有助于开启学生对未来未知生命和人的自由的思想与探索。人的生命存在的有限性决定了人在社会发展过程中对很多道德认知是未知的，如网络世界的迅猛发展，真的像一只"老虎"，如果青少年能树立网络自律意识，就不会发生在网络上以讹传讹而被行政处罚乃至承担刑事责任的事情。因此，德育的意义在于使学生建立对生命的尊重，增强自爱和爱人的觉悟。不要怕学生在某一领域"一窍不通"，尤其在道德方面，道德上的无知即一种"未知"，未知即一种"未定"，而未定即一种未来的可能性。因此，德育教师要有足够的耐心去解析学生对道德世界"未知"的部分，然后自己解读清楚。在飞速发展的网络时代，德育教师只有对网络世界建立自身的道德认知，深刻地认识网络发展的时代特征、意义、作用，以及不能加强网络自律可能产生的后果，才能将网络道德知识传递给学生。所以，在现代社会，师生的道德认

知是通过教学的途径共同提高的，只讲专业而不讲道德的教师，不会是一个好的教师。在任何专业知识面前，如果没有良好的道德认识作为支撑，学生很难在专业的发展方面有所建树。

三、专业课实习教学与德育实践教学的"四同步"研究

"四同步"即同步设计、同步落实、同步提高、同步考核。目前，专业课实习教学由专业实习指导教师或辅导员带队，有的关注职业素质培养，但没有系统的德育实践教学设计，失去了珍贵的职业道德和社会公德的德育实践教学机会。优秀的、道德情操高尚的教师，道德责任感驱使他在走近专业的同时，用崇高的精神引导专业建设和专业教学，学生也能在崇高道德情操的引导下，积极而认真地钻研专业业务。在加强"双师型"师资队伍建设的同时，不能忽略建设德能双修的师资队伍。由于高等职业教育工学交替、产训结合的教学特征，基于工作过程的教学不仅要求教师有扎实的专业知识、丰富的教学经验，熟悉企业相关职业岗位所需的知识和技能，而且要有良好的沟通、组织能力和细致的观察能力，能与学生协调配合，积极调动学生的学习兴趣和想象力，及时了解学生的差异并认真分析原因，找到解决问题的方法。因此，要想成为一名高校的合格教育者，既要能从事专业理论教学，又要能指导学生的专业技能训练，还要有对学生的爱心、真心、精心和耐心，更要有干一行、爱一行、钻一行的爱岗敬业精神。只有这样，才能开展行之有效的教学活动，才能淋漓尽致地将知识和技能传授给学生，才能恰到好处地将德育教育与专业课教学有机地融为一体，才能使学生的德育水平由"体验"转换成习惯，从而具有良好的职业道德素养。

常言道，"强将手下无弱兵"，要培养出合格的学生，就要有高素质的"双师型"教师，而真正的"双师型"教师，不是在短时间内获得某工种的高级工证书、技师证书，或者高校教师资格证书的教师，而是在教学与企业生产活动中日积月累，有淡定的心和理性的头脑，善于在喧嚣中保持沉静，善于在浩大的信息时代和爆炸的知识体系中去其糟粕、取其精华、善于学习、积极进取的教师。同时，学校要实施积极的、有针对性的和长远的师资队伍

建设措施。

（1）加强教育理论与方法的研究，提高教学经验。从企业引进的工程师或高级工程师，虽然具有丰富的企业工作经历，熟悉机械加工的设备、工艺及相应职业岗位的知识与技能，但缺乏高校教育的理论与方法，需进行岗前培训与考核，在获得高校教师的教学资格后，方可参与教学活动和课程建设，不断积累和提高教学经验。同时，要时刻关注社会经济、机械加工业的发展，以便获得知识新能源。

（2）加强企业研修，积累岗位技能的实践经验。毕业于普通高校的教师没有在企业工作的实践经验，对相应职业岗位的工作过程和职业道德内容不熟悉，需要深入企业的生产、管理、技术等岗位进行研修。在竞争激烈的市场中，企业追求的是质量与效益，在各个工作岗位上，每个人要最大限度地发挥出自己的能量，为企业创造价值，为自己带来幸福。而企业为了生存，对所具有的设备、工艺、产品、管理等方面实行保密政策，所以教师到企业一线研修的难度可想而知，这也是目前最棘手的问题，教师要放下架子，潜心修行，获得真果。

（3）定期选派教学骨干或青年教师参加培训。学校要有计划、定期地组织教师参加国内外有关教学方法、课程建设、实训基地建设的研讨会，到其他职业院校参观学习，通过组织教师之间的教学研讨活动和开展教学比武等方式来提升教师的素质和业务水平。

（4）引进校外"双师型"教师。充分利用社会资源，引进既有教学经验，又有企业工作经历的技术人员或管理人员作为兼职教师，尤其是一些知名企业，具有丰富的人才培养、技术、销售、管理等方面的经验，聘请该企业人员为校外兼职教师，可以将前沿的科学技术、管理水平和高尚的职业精神传播给学校的师生。

由此可见，德育教育不但属于公共基础课的教学内容，也属于专业课或专业基础课的教学内容。将德育教学有机地融入专业课的教学过程中，能起到事半功倍的作用，教师与学生也能相得益彰。

四、师德建设 —— 学校教育的灵魂

师德建设已经不是什么新鲜的话题。在现实社会生活中，教师不是圣人，而是参与社会活动和社会研究的普通人。社会环境决定人的社会意识，作为生活在大千世界的凡人，教师要受到社会各种思潮和各种生活方式、生活行为的影响，更要受到其教育管理者管理思想的影响和管理行为的制约。为什么一说教育就首先要将师德提到嘴边呢？因为，教师客观地站在教学工作第一线的位置，决定了教师的意识行为对学生的影响的直观性和重要性。在现实的教育教学活动中，学校高层管理者对学生是不甚了解的，就像校长、书记不可能完全了解学校的每一个学生一样，学校越大，越是如此，而直接参与管理的辅导员、班主任、教师，则对学生的行为和意识产生直接的、重要的影响。因此，今天不得不将师德建设放在第一位来研究，这是由教师的管理地位决定的。教师强烈的示范作用提示我们，师德建设是十分重要的。

每一个人来到这个世界上，都与生俱来地担负着一定的使命。过去人们说大千世界是三百六十行，当今飞速发展的世界经济，使得行业已经不止三百六十行，而可能是三千六百行和三万六千行，暂且不去讨论今天的工作有多少行，就说教育事业中教师这一行，自古以来就是说道最多的一行。"师者，所以传道受业解惑也"。这告诉我们，教师既是"经师"，也是"人师"。教育事业发展到今天，对教师职业的认识更是众说纷纭。但是，教师担负着教育人的使命，这个命题恐怕没有什么疑义。既然是一种使命，那么从事教师职业的人，就应当担任起使命赋予的责任，这是教师最起码的师德。否则，误人子弟是要贻害千秋的。

对于教师职业，从事教师职业的人也有颇多说法。有的说是迫于无奈而从事了教师职业，有的说是为了生存，但无论当初是因为什么理由选择了教师职业，做了、选择了，就要对得起所从事的职业。不然的话，在人才流动频繁的今天，如果不热爱教师这个职业，完全可以到其他的行业去闯一闯，验证一下自己的能力，没人阻拦。但是，如果从事了教师职业，就应客观地面对现实，将今天的工作做好，否则，教师职业示范性的特点，

将使自身的不良意识转化成不良行为，影响到教学质量、教学能力乃至学生的情绪、意识、行为等，对学生造成负面影响。

现实社会中存在一些由于对职业不满，而将怨气撒向学生的教师。作为教师，口出污言秽语，是不自重、不文明的表现，是对教师职业的亵渎。这样的教师行为，将在学生心灵深处引起极大的震撼，严重损害教师形象。因此，为了承担起教师的责任，必须身体力行地完成教师应有的使命，不断学习，提升教学能力，提高理论水平，促使自己能够自信地站在讲台上，站在学生的面前；还要加强修养，不断完善自己的师德，完善自己的人格，完善自己的人生。

师德建设是教师的天职。在这里笔者赞美教师是人类的一种天职，不仅因为教师职业是"太阳底下最崇高的职业"，也因为教师是人们所说的传播人类文明的专职人员。人类之所以在经过成千上万年之后，远离了刀耕火种的生存模式而发展到现代文明，有别于其他生物物种脱颖而出，取决于人类教育事业的发展。或许有人认为，教育事业仅仅是近几百年的事情，但是，人类的教育以家庭教育、社会教育等不同的教育形式始终不断地发展，一直发展到今天，成为各个行业中一项最为高尚、神圣、文明的事业。在教育事业的发展中，教师成了"人类灵魂的工程师"，这是人类教育事业自然发展、快速发展的产物。教师成为人类智慧结晶的继承者和传播者，成为雕琢人类灵魂的工程师，这不是一种天职又是什么？既然选择了教师这份职业，就应热爱自己的职业，坚决、义无反顾地履行自己的职责，不断地学习，不断地充实自己，以承担起天职的使命。

师德建设是教师的自律。教师职业的自律性是极强的，如教师的自修、学习、提高，是与时俱进、不断发展变化的职业道德要求。否则，在当今的知识经济时代，知识的更新如此之快，我们已经习得的知识随时都可能过时，将过时的知识教给学生是既无意义也无价值的。所以，教师必须不断地在教学实践中补充营养，"书山有路勤为径，学海无涯苦作舟"说明了学习任务的艰巨性，但是当教师将学习看作自己的事业和生活时，就能苦中作乐，从中体会到他人无法体会的乐趣。

我们以前常说，教师要给学生一杯水，自己要先有一桶水；今天，我们要说，教师要有一潭水，一潭发自心灵深处的、不断向上涌动的活水。否则，一潭死水，可想而知带给学生的是什么后果。"问渠那得清如许？为有源头活水来。"教师只有不断进修、提高自己，才能使自己的知识源头成为活水，从而源源不断地向学生提供新鲜的、人类社会发展所需要的知识。而知识的习得，是人类意识形态的东西，有着深刻的内涵性，是一种极为严谨而深刻的自律行为。否则，学校花钱，走南闯北，看似培训了、进修了，而实际上深层次的知识结构得不到提高和调整，这种进修是毫无意义的。

教师的自律不仅体现在知识的补充上，还体现在社会行为和教学行为的方方面面。今天，当教师站在讲台上，如果学校的管理者用了监视教学行为的监视器，就是对教师的不信任，教师会如芒刺在身，灵活的教学方式得不到即兴发挥；如果不采用现代的教学监控模式评价和管理教师的教学行为及教学质量，教师的教学行为和教学质量又会掺杂着一定的主观意识、主观评价。所以，在这种情况下，教师的自律意识显得十分突出和重要。

良好的师德是一种美德，这种美德表现在教师的示范作用上，源自教师对教育事业的热爱，以及对教育信念的确立和追求。信念具有专一性、稳定性和执着性的特点，教师的信念是教师的精神追求和奋斗目标，是教师提升素质的关键，是教师在教育过程中评判自己行为善恶的内在力量。当教师感到自己的行为符合职业道德时，就会产生一种快乐、欣慰的情感，从而得到精神上的享受和满足。坚定的信念能够促使教师不断丰富自己的羽翼，时刻为知识经济时代知识的腾飞而做着准备。

一个好的教师，他站在讲台上就具有了自信的美，不会因为回答不上来学生的提问而面红耳赤、恼羞成怒，甚至辱骂学生，他能够有足够的精神准备应对学生随时可能提出的任何课程涉及和学科边缘的问题，这样的教师是美的。

一个好的教师，拥有自强的美。在讲台下，他刻苦学习，换取的是讲台上的举一反三、博古通今的知识之美，获得的是学生对其良好的教学形态和渊博知识的钦佩与崇敬，这种尊敬和对教师的爱，是学生发自内心深处的，不是教师人为树立的形象和美。

一个好的教师，其行为特征散发着自爱的美，高度自尊而又不自负，这种自尊使学生尊重；这种自尊又是建立在对他人尊重的基础上的，而不是矫揉造作、东施效颦般的矫情；这种自尊是通过自爱培养出来的，人懂得自爱，才能博得别人的爱，一个自暴自弃的人，何以能得到他人的尊敬和爱戴？自爱意味着首先要自尊，而自尊首先要有良好的言行意识，这种意识通过教师的言行在日常社会行为和生活行为中表现出来，是一种自然的气质流露，否则，"其善者伪也"。

总之，良好的师德是一种自然的美德，是发自教育事业、教师职业所特有的美德。他（她）落落大方、知书达理、睿智幽默、优雅大气而又雍容大度，这是一种拥有深刻内涵的美，是一种深邃的、恬静的美。

师德建设是教师的修养。这种修养表现在，作为一个教师，在他的一生中要面对无以数计的、性情各异的学生。"桃李满天下"说明了教师的一生中带出的学生人数之多；而性情各异，则说明了教师要面对的不仅仅是一种生活模式、一种教育模式、一种成长环境下发展起来的学生，由于每个人所受的教育不同、所受的生活和社会影响不同，每个人都会有不同的性情和认识问题的方式方法，这必然会给教师的教育带来一定的难度。

教师的教育事业不同于其他行业，其他行业的从业人员，如企业的工作人员每天面对的几乎是同样的面孔，履行的是同样的操作；政府的管理人员每天履行的是同样的职能，面对的几乎是十几年乃至几十年不变的同事；医院的医生每天根据自己的医科研究范围解决的是同一个部位的病情……唯有教师，年复一年，能真正地体会到"年年岁岁花相似，岁岁年年人不同"的诗韵。

每一所学校，每年要送走一批学生，又要在相同的时间迎来许多新的面孔。在社会这个大家庭的熏陶和培育中，这些新的面孔各自有着自己的人生履历和生活烙印，由不知到知，每每要经历一个相逢、相识、相知的过程。在这个过程中，教师站在讲台上付出了无数的心血和汗水；在讲台下，教师穿梭在学生群体中解惑答疑，处理学生的一切事情，付出了辛勤的劳动和智慧。

我们知道，教师的教无论是启发式，还是注入式，都是通过言教和身教的形式来实现的。因此，在言教和身教的教学过程中，教师始终要保持良好的修养，不断克服人性弱点和自己的过激情绪，不断在教学实践中总结经验和教训。在完成这些的过程中，教师要付出很多，付出到回到家里在教育自己的孩子时，竟然有"在外面把一天中要讲的话讲完了，回到家里后，一句话都不想讲了"的感觉。的确，教师很累，一个具有良好修养的教师，是社会共同期待的，是人民共同期待的，是国家和党的教育事业共同期待的。

案例：教师行为对家长和学生的心理影响。某日，正值学生报到期间。由于近年来教学规模急剧扩大，许多学校的教学设施跟不上，校舍建设跟不上，不得不举办校外班。所举办的校外班的管理参差不齐。某学校的学生家长领着学生来到一所大学的校外班报到，看到学校规模不是想象中的大学校园环境，于是领上孩子就想往回返。负责报到的班主任老师看到这种情况后，主动迎上前去，与家长和学生亲切交谈。最后，家长愉悦地说："看在这个老师的份上，我把孩子留下。"

而有的学校也出现了类似的情况，由于报到时，负责报到的管理人员确实很累，累得不愿多说一句话，遇到同样的情况，在讲不通的情况下，生气地说道："就这么个条件，上就上，不上走人，腾出指标让别人来。"同样的情况，反映的是不同的修养，不同的修养又反映出不同的结果。

一个优秀的教师，要具备良好的修养和人文气质，这样不仅能够给学生带来快乐，也能使自己更加轻松。

案例：对大学生恋爱现象的人文处理。将一对搂腰拷背的男女当众或叫到办公室训斥的结果，远远不如通过和风细雨的、文化交流的形式达到的教育效果。曾遇上述情况，在同他们擦肩而过的时候，说道："两情若是久长时，又岂在朝朝暮暮？"学生怡然放开了对方，男生长叹一口气后回了一句"多情总被无情恼"，老师和蔼可亲地看了两位学生一眼，说："差矣！'东边日出西边雨，道是无晴却有晴'，现在不是时候。"学生心悦诚服地说了声"谢谢"走开了。

师德是一种博爱。师德是一种特殊环境下的特殊表现形式，所谓特殊环境，指的是学校教育这一特殊环境。实际上，教师对学生的爱已经不仅仅限于学校这一特定的环境，而是已经延伸到学生的未来发展。所谓特殊表现形式，指的是处于师生意义上的爱，是一种纯洁的师生之间的爱。教师对学生的爱就像园丁培育小苗一样，是用心血来浇注的，这种爱的形式表现为爱心、耐心、热心、恒心、忠心。

爱心可以感人，爱心是做好教师的前提和基础。没有爱心，就没有对学生的耐心；有了爱心，教师才能有耐心做好一切学生的管理和教学工作。现实社会中，有许多教师为了自己的教学生涯奉献出了毕生的精力，这是教师爱心的具体展现。

耐心使人遇事能三思而后行，能使教师无论面临什么样的学生、什么样的事态，都会冷静地面对而不失态，都会像关爱自己的孩子一样倾注心血，去说服、去包容。海纳百川，有容乃大，包容使教师豁达、大度、大气。

热心可以暖人心，教师热心的表现形式是充分地尊重学生，热心能使其全身心地投入教育事业而乐此不疲。教师在热心教育的基础上，能用爱化解一切学生偶然的恶作剧。

恒心给人以勇气、韧性，可以使教师从容面对一切艰难险阻，坚持学习，坚持修养，坚持以教学工作为己任，努力实践，在教学生涯中展示自己的才华，还可以增强教师抵御社会腐朽思潮侵袭的韧性和意志。师德既是教师自我能力的培育，也是教师自觉调节、控制自己思想与行为的能力，是教师进行自我教育的重要机制。其实，人在许多时候需要战胜的不是对手，而是自己，"战胜自己是最不容易的胜利"。

忠心可以育人。教师对党的教育事业的忠心体现在教学行为和教学管理过程中，体现在教师言行的每一个环节。教师是"太阳底下最崇高的职业"，这既反映了教师职业的高尚之处，也提示教师：在太阳底下，教师的职业是被曝光的，教师的行为要接受无数双纯洁眼睛的监督，在太阳下的每一个不道德的行为都会为人们所不齿。只要选择了教师职业，就要忠于自己的职业，这就是教师的道德。教师的道德是有延续性的，教师优秀的道德品质影响的是一批人、一代人；反之，教师的不良行为和德行，影响的不仅仅是自己、一批人，甚至是几代人。教师的行为，不仅仅是一所学校管理工作的缩影，也是教师个人德行在太阳下的亮相。

教师的爱是多方位的，除此之外还应有良心，一颗对得起祖国人民的重托、对得起党的教育事业的重托的良心。《大教学论》中提道："一颗善良的心，就是一席永恒的宴席。"因此，教师的"一颗善良的心"，够学生享用一生一世。所以，教师无论在何时何地都会时刻提醒自己要慎独、要律己。教师还要安心，安心自己所从事的教育事业，安心才能专心，才能潜心研究自己的教育事业和教学工作。教师还要能静心，"静以修身，俭以养德"，宁静致远，教师的职业性质决定了教师的自律和自学要贯穿其一生，做不到这一点，就经不起花花世界的诱惑，经不起诱惑，就可能不专心，静不下心来就研究不了学问，就当不好教师。

总之，师德的含义是十分广泛而又深刻的，这种爱不仅仅是职业的爱的本身，更体现在教师的行为上，融化在教师的血液中，批一篇作业，可以耐心、细心、精心，也可以心浮气躁。工作是完成了，但效果是绝对不同的，好的教师将学生的作业看作连接师生的纽带、桥梁，教师在作业上与学生交流思想，交流学习心得，加深了师生之间的了解，加深了学生对所学课程的认识，激发了学生对所学课程的热心和信心。敷衍了事的教师，时常仅批注一个"阅"字。面对学生精心完成的作业，教师满意也罢，不满意也好，其都包含了学生对教师的尊重和对教师评价的期待，怎可用一个"阅"字敷衍？这就是教师行为在教学过程中的具体体现。教师行为不是"灯下黑"，而是在"太阳底下"，所以要经常教育和提醒教师，不良的教师行为随时可能被曝光。

师德建设是学校教育的灵魂。以德治国是治理国家的方略，以德治校、加强师德教育，是学校教育的灵魂，只有加强了师德教育，加强了师才培育，才能完成教育赋予教师的"人才培养"使命。否则，没有德才兼备的教师，怎能培育出德才兼备的社会主义人才？这种教育思维方式显然不符合客观的教育发展规律。

　　之所以说师德是学校教育的灵魂，是因为教师是学校教育中最贴近学生的直接教育管理者，党的一切教育思想、教育路线、方针政策的贯彻落实都是要通过教师实施下去的；国家的一切教育目的和教育方针，都要靠教师在教学实践中贯彻下去；而每所学校的特定的管理模式，也要依赖教师的教学管理行为得到有效的落实和保障。没有教师主动的教学实践，任何教学目标都不可能实现。所以，教师拥有专业教学能力只是完成教学任务的一部分，就像一个完整的人应该具有骨架一样，而教师的教育精神是教师的魂，它体现在教师的师德方面。一名教师如果没有尊崇教师职业的德行，永远也不可能成为一个好的教师、一个合格的教师、一个人民的教师。

　　师德还体现在教师的真心上。我国教育家陶行知说，教师是"捧着一颗心来，不带半根草去"。多么真切的比喻！教师职业是清贫的，但教师职业是纯洁而高尚的，一生的教学生涯结束后，"不带半根草去"。在市场经济繁荣的今天，每一个教育者的头上，都拥有自己的一方蓝天；每一个教育者的身边，都有自己的一个社会圈子。当这些教育者"捧着一颗心来"的时候，他可能是一片爱心、一颗忠心，也可能是一颗浮躁的心乃至一颗贪心。尤其是在现代社会中，教育者无时无刻不受到社会政治、经济、文化等形形色色思潮的影响，当他们捧着一颗爱心来时，带给学生的是温暖和温馨；当他们捧着一颗忠心来时，带给人民的是安心，带给党的教育事业的是放心；当他们捧着一颗贪心来时，带给人类教育的将是一种灾难。另外，教育不仅仅是教育者的行为，教育者的行为在一定程度上受到教育管理者的影响，受到社会变革进程中形形色色的思想的影响，也受到受教育者的影响。可见，师德培育在一定程度上还要依靠学校管理层的倡导、教育乃至人格影响和教育感召力等。除此之外，还受到校风的影响。可以说，校风影响教风，教风影响学风，学风反作用于校风和教风。在学校教育中，教师的师德建设是至关重要、不可忽略的。

第三节　校企合作过程中德育课程实践教学创新

德育实践教学让高校的德育教学充满了希望，高校丰富的校企合作办学资源也令德育教师对德育实践教学走向社会生产一线充满了热切的期待，并对德育实践教学最终回归系列化的课程体系、重返课堂这个人类经典的教育舞台充满了希望和自信。从这个意义上看，道德教育不是要走出课堂，恰恰相反，是要让生活走进课堂，走进课程之中。在德育的课程设计中，关键不是讨论道德教育能不能课程化的问题，而是讨论如何课程化的问题。

一、校企合作的结晶——"技能大师"工作室对德育实践教学的启迪

在高校异军突起的时代，有的高校开创了"技能大师"工作室的办学模式，这是一个大胆的尝试。在技能大师工作室里，每一位技能大师不再仅仅是优质企业的财富，他们在用自己的勤劳、智慧和技能，为人类社会、为社会生产组织创造着源源不断的物质财富，而他们在创造物质价值的同时，创造了人间最为美好和最为高尚的道德价值、精神价值。每一位技能大师自身就是一份难得的德育实践教学资源，他们的敬业爱岗、脚踏实地、勤奋质朴、勤于钻研等精神都是高校学生的榜样。

技能大师工作室的创立，不仅为专业建设和专业教学带来了实践教学的勃勃生机，注入了生命的活力，也给德育实践教学的研究带来了新的希望、新的期待，并为德育实践教学开辟了新的舞台。"希望是道德的可能，绝望是道德的边界。""希望以非常断然的力量来对待焦虑，甚至是绝望的虚无，以至于可以说，希望是对焦虑的消解，希望最终是一种实践的、好战的情感，它摇旗呐喊。如果从希望产生出信心，那么这种绝对积极的期待效果无论如何都是同绝望截然相对的。"人类只要还有希望，就能拥有未来。技能大师工作室将社会生产组织各专业的高端技能精英吸引到学校来，为专业实践教学服务，他们一流的技能不仅满足了专业课实践教学的需要，让师生领略到

每个专业的社会发展最前沿的技术与技能，也能让师生见识到了技能大师工作的高素质、高涵养、高品质和高端技术与技能。就德育实践教学而言，师生耳闻目睹这些高贵的品质，此时的德育是"此时无声胜有声"，因为精益求精、勤于思考、刻苦钻研、勤奋工作等一系列良好的职业素质和职业道德，都以技能大师在工作中自然流露出的职业操守展示在师生眼前，从而实现了为"不教"而"教"的为师之道。

二、卓越技师教育：立足高端，培育德能双修的高端技能人才

卓越技师教育是近年来部分高校和技工院校正在积极探索和实践的办学模式。卓越技师教育源自社会进步和现代化的企业对高端技能人才的需求，高校在广泛的人才市场调研中，根据市场发展的需要，针对某些未来发展有着巨大空间的专业，从现有的高等职业院校的学生中，在自愿报名的基础上，经过笔试、面试等途径优中选优，组成"卓越技师班"，"卓越技师班"的管理也是根据"新三高"（高素质、高等学历、高端技能）人才培养目标精心设计的，没有卓越的教师，何来卓越的学生，因此在"卓越技师班"中，师资配备也同样达到"新三高"的要求。教师能被配置到"卓越技师班"上课，是学校的信任，也是一种责任和荣誉。因此，能在"卓越技师班"上课的德育教师必然是一名在日常的教学行为中一以贯之地严格要求自己、努力追求卓越的教师。而对那些经过十二年寒窗苦读刚升入高校的学生来说，要经过一番角逐才能进入"卓越技师班"，他们会倍加珍惜在"卓越技师班"的学习，因为他们是抱着希望而选择了卓越的教育。

希望首先是信心，包括对道德生活自身的信心，这种信心在本质上是对人的美德的信心。通过德育教师设计的德育作业——在"卓越技师班"里感受卓越、追求卓越，有的学生说，"卓越技师班"的班风好，带动了学习，在这样的学习环境里，不学习也没有人说没用的话。有的学生认为，学校对"卓越技师班"的管理是特别严格的，比如每天早上的早自习和跑早操，在其他班进行一段时间就渐渐弱化、淡出了，而在"卓越技师班"则不然，在"卓越技师班"，每当学生迎着晨曦跑早操的时候，辅导员和专业老师与学生一

起跑，每当学生迎着晨曦进入教室早读或披着夜晚的繁星在教室上晚自习的时候，都能看到辅导员和有关老师的身影，不再顾盼其他班同学的"悠闲"，反倒为自己所在班而感到自豪，反倒能努力地约束自己……看到学生的作业，德育教师对德育教学、对"卓越技师班"的学生充满了自信，更加努力地探索和研究"卓越技师班"的教学方法，在丰富教学内容和教学经验的同时，也在涵养着道德知识和修养着个人的德行。因为，教师深刻地理解了道德教育是在奇迹的期盼中领悟真理。道德不是线性的积累，而是意义的闪现和敞亮。奇迹不能被规律化，它不是客观真理的偶然发现，奇迹实际是指心灵的觉悟。面对学生的觉悟，教师也在醒悟，立足高端教育，才能培养出德能双修的高端技能人才。

三、校企合作过程中设计好德育实践教学内容

在校企合作过程中，要完成专业课实践教学和德育实践教学的融合，前提是必须设计好德育实践教学的内容。例如，了解专业课理论知识与相关德育理论知识之间是一种怎样的关系，专业课实践教学与相关的德育实践教学内容又是一种怎样的依附关系。德与能往往是相互依托、相互转化、共同发展的。再如，为学生设计好德育实践教学需要关注的问题：企业的文化管理和日常管理，与专业发展相关的企业的技术能力和发展前景，企业员工在企业生产中要遵守的纪律和必须遵守的职业道德，企业文化对企业员工产生了制约作用还是发展作用，企业员工之间的人际关系，企业的竞争压力，企业的生产环境与人文环境是否有利于员工全面发展，在企业实习过程中师傅对自己的影响，感受社会生产组织的管理与技术进步对学生未来的发展和专业的启发，学生在企业实习中感受到的生存的不易，等等。有的学生通过到企业顶岗实习，深有感触地说，原来经常抱怨母校的管理和食堂的饭菜，到了企业参与一线的生产后，倍加感受到母校对学生的关爱，也觉得学校食堂的饭菜变好了；有的学生则说，以前花父母的钱大手大脚，经过几个月的企业锻炼，深深地认识到父母挣的每一分钱都是来之不易的，深深地感谢他们为自己提供的教育，以后要把他们投入的培养成本"赚"回来，以实际行动报

答父母的爱。教育的过程必须将情感作为个人教育的整体构思的一部分，只有这样，教育才能在最理想的形式下培养出为绝大多数人争取最大幸福的事业的支持者。因此，在校企合作办学过程中，要将德育实践教学入情入理，并进行科学、合理的设计，让学生既有切实的道德情感体验，也有与专业相关的职业道德和职业素养，以及企业文化、企业人际关系等方方面面的内容，引起学生的道德情感学习和体验，丰富学生的道德认知，带动学生关注社会公德的主观能动性。

四、完善"一体两翼"的社会生产实践活动

深入企业实习不仅要配置专业课实习指导教师，还要配置德育实践教学的指导教师。在教学资源紧张的情况下，德育实践教师也可以设计好德育实践教学任务书，与辅导员进行深入的沟通，由辅导员或班主任代为执行。在实习过程中，带队教师既能解决专业实习问题，也可解决深入企业实习或顶岗实践教学过程中的学生共性和个性的思想问题，以及在短期内不适应企业管理的问题，同时可调解学生在实习过程中与企业、与企业员工的矛盾，引导学生向企业优秀员工学习。在学生实习过程中，带队教师要建立工作日志，内容涉及学生出勤率、职业操守、职业行为表现、与企业员工的协调能力及合作意识，以及是否热爱劳动、吃苦耐劳、热爱专业、善于思考和钻研，并与专业课实践教师一起给出学生实习过程中的客观评价。要建立调研机制，形成调研报告，一方面是学生的德育实践调研报告，另一方面是带队德育实践教师的大学生德育实践教学研究的调研报告，以持续不断地推进德育实践教学的研究。

深化校企合作，培育职业精神。高校培育的学生始终面向社会生产第一线，因此在学生深入企业进行专业课实践教学的同时，必须始终关注学生的职业道德教育和职业素质培养，建立"一体两翼"的大学生社会生产实践活动，坚持培育学生的"四种气度"，即热爱劳动，尊重劳动，树立正气；重视实训，增强技能，涵养才气；到社会上去，到生产一线去，滋养大气；德能双修，知行合一，培养志气。山东劳动职业技术学院先后与山东平安建设集团、

山东省机械设计研究院、武汉华中数控、奥博汽修厂、富士康等 160 余家企事业单位进行了校企合作方面的洽谈，并与天津天感数码影像产业孵化器有限公司签订了联合开发研制感光材料试验涂布机的协议。该项目全部由相关专业的教师设计，并由实习老师和学生共同加工、装配、调试而成，已成功交付用户投入生产。校企合作的研发项目，激发了教师进行科研活动的积极性，调动了教师掌握新技能、探索新技术的主动性、与企业的合作项目的严谨性和激烈的竞争性，也使教师体验到市场规律的严酷性，认识到自己知识和经验的欠缺，对师资队伍是很大的历练。有更大收获的是学生，学生在教师的带领下参与产品研发，在产品的研制过程中，边实习、边加工、边研究、边探索，掌握了各种不同材料的加工工艺和方法，在精确把握应知应会的基本技能的同时，开发了新技术，掌握了新技能。

高校在校企合作中关于培养职业道德和职业素质的具体探索如下：将企业科研项目和经费引入学院，在深化校企合作办学进程的同时，开发了教师的创新性思维和创造性劳动，满足了学生的创新意识，学生自己动手将零件一个个加工出来，装配起来，最后形成一个完整的设备，激发了学习兴趣，获得了成就感。更为重要的是，深化校企合作培育了师生的敬业精神和职业素养。面对师生优越的生长环境，为了全面加强职业素养教育，有的高校与企业达成校企合作协议，在充分做好师生安全教育、心理疏导后，安排学生在专业教师和辅导员的带领下，进行了为期数月的职业素养教育。学生返校后在座谈会上诚恳地说："两个月的职业素质教育，填补了人生的关键一课，作为学生到企业去体验现代企业的管理和运作模式，亲身体验到企业严格的管理和制度的规范作用，体验到工作的艰辛和挣钱的不易，深切感受到父母的付出和不易，体验到社会人际关系的复杂，完成实习、实训任务后，再返回学校，感到母校的师生竟然是这样的亲切和温暖，吃着学校的饭菜也有滋味了……这些都是学校教育不能实现的。"经过职业素质教育的学生，纪律性增强了，学习主动性提高了，吃苦耐劳的精神养成了，更加珍惜学习，懂得感恩父母和师长，懂得回报社会。

这里就加强校企合作、探索多元化人才培养模式简略叙述一下。多年来，职业院校在多元化人才培养方面进行了广泛的探索。一是引进来，积极探索以公有制为主导、产权明晰、多种所有制并存的办学体制，山东劳动职业技术学院将奥博汽修厂引进校园，成为学院汽车工程系的实习、实训基地；学院的实习工厂积极引进加工项目，保障了实习、实训教学任务的完成。二是走出去，与企业签订合作办学协议书，在企业建立校外实践教学基地和德育基地，届时由教师带队到企业实习，在完成实习教学任务的同时，接受先进的企业文化的熏陶，与企业员工同吃、同住、同劳动，接受教导，接受企业主人翁意识的培育，接受企业员工爱岗敬业精神的影响。师生通过直接参与社会生产，感受企业市场营销、技术研发、售后服务、营运保障等岗位的职责特点和企业营运系统全过程，完善了知识结构，积累了社会经验，丰富了教学内容，对学生提早规划好自己的发展方向起到了积极作用。三是随着校企合作办学的深化，职业院校的专业建设、教学内容、教学模式日趋与社会经济进步接轨，教学质量评价也得到了社会的直接检验，促进了评价主体的社会化进程。社会经济发展需要的，就是高等职业院校需要建设发展的，由于契合了社会经济发展的客观需求，高等职业院校的毕业生就业率大部分在90％以上，为我国社会经济的建设发展培育了大量高技能人才。

近年来，高等职业院校的管理层在校企合作方面都有着系统、深入、理性的研究，教师围绕各自的专业也有着积极、深刻、实质性的社会实践和理论研究。校企合作办学，极大地拓展了高等职业院校的办学空间，社会经济进步为办好高等职业教育提供了广阔的舞台。校企合作办学走到今天，需要深层次研究的是怎样更加有效地拓展办学空间，怎样将教师的智慧通过校企合作的途径，通过项目开发、科研发明等形式，转化成物化的专利、发明，为师生、为学校带来更大的办学效益，实现更大的社会价值，让师生切实感受到与社会进步共舞带来的乐趣、进步与发展，让师生更加深切地认识到职业教育的价值，体验到人生的价值，以及教育对人类社会进步所做的贡献。

在校企合作办学过程中，企业追求的是利润，学校追求的是育人效果，双方追求的目标固然是不同的，但任何新产品都是由人来开发和完成的，任何新技术都需要人来把握和发展。企业拥有先进的设备，拥有适应社会进步的、先进的经营管理模式和效益意识；而高等职业院校的教师队伍则具有系统的基础理论知识、完整的知识结构、完善的技术研发力量。只有认识到这一点，才能促使企业在校企合作办学过程中，充分挖掘和利用学校教师的研发力量，支持企业的技术开发。同时，高校的学生产学交替、半工半读的教学模式，促使学生在进入社会生产一线实习时，大部分已经具备了基本的操作技能，稍加引导，就能顶岗实习，完成相应的工作任务，学生的实习是企业生产的得力补充力量。因此，学校的育人和企业的利润二者是不矛盾的，是容易寻到双赢契合点的。但高校需要探索的是如何在校企合作办学过程中，更深层次地挖掘师生的思想与智慧，激发他们的创新意识，提高他们的创新能力；怎样促进企业先进的设备与学校先进的教学思想及师生的创新意识的有机融合，实现真正意义上的资源共享、优势互补。社会经济组织的设备再先进，没有师生教育思想的融合，也仅仅是物化的、冷硬的、没有思想和灵气的机器，唯有校企合作，融合师生的智慧，物化的设备才能融合师生的思想光辉，创造出新产品和新技术，企业的人、财、物才能得到更加可观、更加合理、更加深入的开发和利用。在校企合作的过程中，企业可以借助学校的人力资源和技术服务进行新项目的开发，学校亦可有机地利用企业的设备和先进的管理理念、先进的技术等，完成学生实习、实训乃至顶岗实习的教学任务。因此，校企合作是一条知行合一、校企和谐发展的互利共赢之路。

五、校企合作过程中设计好德育实践教学的考核内容

校企合作过程中的德育实践教学考核内容，主要分为公共职业道德和与所学专业相关的职业道德两个部分。企业员工或带实习学生的师傅、生产车间主管或企业人事主管参与的考核内容，主要围绕学生实习过程中的态度和表现，依据企业职工日常管理和考核办法、企业职工道德规范和企业职工必备的素质等进行考核。企业可与学院事先就考核内容进行设计，确定后，考核结果由企业方面给出。企业的带队师傅或车间主管等可在学生实习结束时，根据学生在企业实习的具体表现，以优、良、合格、不合格的考核标准，给出企业方面对学生的专业课实践教学考核成绩和德育实践教学考核成绩相结

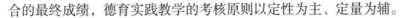

合的最终成绩，德育实践教学的考核原则以定性为主、定量为辅。

专业课实践教学教师的考核内容：主要考核学生在实习过程中是否能积极开动脑筋；在对待专业课实习的态度上，是否严肃认真、精益求精、尊敬师傅、虚心好学、善于用脑、勤奋俭朴、吃苦耐劳、团结协作、积极合作；在实习教学方面是否能积极地将理论知识运用到实践中，并有积极的钻研和探索精神；在实习过程中，是否能严守劳动纪律，严格要求自己，服从带队老师或企业师傅的管理；等等。

带队辅导员或德育实践教学教师的考核内容：主要结合教材职业道德部分的教学内容，结合企业职业道德规范等内容，依据职场就公共部分的职业道德等公序良俗，事先规划好考核内容，对学生进行考核。主要考核学生的日常道德行为和文明行为，随时解答学生在社会生产实践中的一些心理和思想方面的问题，并对学生适应社会的能力进行关注、考核和引导。与专业课实践教学的带队教师一起，及时发现和处理学生在实习过程中出现的各类问题，并积极做好善后工作，要在完善学生人格方面进行全面的观察、研究和探索。在客观因素允许的情况下，积极与企业协调，通过开展丰富多彩的文化活动，积极引导学生在实习过程中向企业传播校园文化，将企业文化与专业文化、校园文化科学地融合。所有考核内容应包含以上三个方面的内容，需要在带队实习前进行策划，并根据三个方面的考核内容事先对学生进行短期培训，在实习过程中让学生知道，在哪些环节应注意哪些内容。学生一直在学校学习，有着多年的作息时间和规律养成，到企业实习需要养成与企业管理运行机制接轨的作息时间和工作规律，需要学生事先有良好的心理准备。另外，学校生活和企业生活存在着差异，学校老师和企业师傅在教学方式等方面也存在差异，这一切都需要事先对学生进行培训，调整好学生心态，为学生在社会生产实践中尽快适应、少走弯路做好充分的思想和心理准备。考核不是目的，只是手段，但严谨、规范、科学、合理的考核有利于促进学生的学习自觉性，完善学生的人格。

六、校企合作过程中设计好德育实践教学的评价机制

在校企合作过程中，德育实践教学的评价机制分为宏观评价和微观评价两个部分。宏观评价是指学院和企业对学生德育实践教学的重视度、科学安排和全程关注等方面的评价；微观评价主要是针对学生在社会生产实践单位的表现，企业员工或带学生实习的师傅、生产车间主管或企业人事主管参与的评价，以及专业课实践教学带队教师或德育实践教学指导教师的评价。

宏观评价是对学校与办学基地的评价。作为双元制人才培养办学模式而进行的互评，需要根据人才成长和人才培养的规律、根据企业用人需求进行充分的规划，如企业所能承受的、学校所能输送的拟培养人数的规划，即在不影响企业生产的情况下，企业师傅能带的人数。学生在实习一个阶段后，就进入企业顶岗实习，顶岗实习能在一定程度上解决企业高技能人才短缺的问题，企业和学校应就下一届学生实习与上一届学生实习的时间衔接，以及学生在实习过程中必须完成的专业实践内容等事先进行洽谈。本着人才培养的宗旨，双方在经过充分酝酿和考察的基础上，达成人才培养基地的协议，并围绕协议内容开展工作，做到考核有标准，评价有依据。届时，校企双方应定期对人才培养情况给出客观的评价，以对校企合作的效果进行科学的鉴定和评价。

微观评价主要由具体的带队老师和企业带学生的师傅或车间主管等具体的学生管理人员给出。评价的依据可以是考核的标准，但评价需要将学生在社会生产实践中与企业、企业员工、企业管理者或同学之间发生的一些冲突或矛盾的处理情况有机地融合起来，以对学生的人格做出全面的考核。在出现以上问题时，带队教师要全面了解情况，耐心地找出原因。解决好学生的思想问题是德育的根本，否则，就像我们可以把马引到水边，却不能迫使它饮水一样，仅仅是身体上的服从是缺乏道德上的意义的，这只能叫作"训练"而不能叫作"教育"。

第四章　高职院校德育课程实践教学目标体系的构建研究

第一节　高职院校德育目标的内涵与构建依据

恩格斯指出："在社会历史领域内进行活动的，全是具有意识的、经过思虑或凭激情行动的、追求某种目的的人，任何事情的发生都不是没有自觉的意图，没有预期的目的的。"也就是说，人们的活动，特别是社会实践活动，都是有着自己的价值选择和目标追求的。高校德育也不例外。

一、高校德育目标概念界定

何谓"目标"？大量文献都曾有这方面的论述，形成了众多的有关目标含义阐述。由于对目标阐述的出发点不同，因而对目标的解释也不尽相同，这尤其表现在关于"目的""意图""使命""重点"和"标的"等术语的通用定义厘定上。例如，有人就曾经把目标定义为有待于达到的标的或宗旨。

一般来说，目标在人们的活动中具有导向、激励（感召、促进）、整合或控制，以及作为评价依据的价值。在论及明确的教育目标对教师工作的重要性时，有人曾经这样比喻：如果建筑师在为一座新建筑物奠基时，连要建筑什么东西都回答不出来，那你将对他说什么呢？同样，如果一个教育者不能明确说出他教育活动的目标，那你将会说出对建筑师所说的同样的话来。我们完全有理由去问教育者，他将在他的工作中追求什么目的，并要求其对这个问题做出明确而断然的答复。高校德育目标是一个关乎现实和理想的活动，它处于实然、应然之间，因而具有无比重要的作用。

在储培君教授主编的《德育论》一书中，对德育目标是这样界定的：德育目标是一定的德育活动要培养学生的思想品德所做的规定。这种规定一般包含两个方面的内容：一是这项德育活动主要培养哪些思想品德；二是所要培养的每一项思想品德应达到的要求及体现这些要求的规格。[1] 鲁洁教授和王逢贤教授在他们的合著《德育新论》中也做过类似的界定。在以上三位德育研究前辈看来，所谓德育目标，一言以蔽之，就是对于德育活动的预期。而胡厚福先生在其《德育学原理》一书中则进一步指出，德育目标是德育的出发点和归宿，为德育活动指明了发展方向和前进目标，提供了蓝图和依据，指导、调节、控制着德育过程，从而使德育工作者在德育内容的确定、德育方法和形式的选择与运用、德育效果的检测与评定等方面更具有自觉性和目的性。[2]

可以说，德育目标是一定德育结构的核心，它对于一定的德育结构的其他构成要素及其相互关系具有统率作用。

据此，可以这样界定高校德育目标：所谓高校德育目标，就是指一定社会对高职教育所要造就的社会个体在思想品德方面的质量，以及规格上的总的设想和规定，是预期的高校德育的效果，也是高校德育的任务。高校德育目标决定着高校德育的内容、方法和形式等各个方面，对整个德育过程起着指导、调节、控制的作用，它是高校德育的出发点和归宿。因此，确定正确的高校德育目标，全面、正确地认识和实现高校德育目标，是高校德育理论研究的核心问题，也是高校德育工作者组织德育活动的首要问题。

二、高校德育目标的基本特征

（一）社会性与历史性

社会性是指德育目标总是由一定社会的需要确定的。在阶级社会里，它有阶级性，反映一定阶级对德育的要求。由于社会发展是连续的，各个社会的政治、经济、文化各个方面既有各自的特点，又有共性的一面，存在着不涉及统治阶级的利益而能为各个社会都采纳的一些内容，因而在德育目标的

---

[1]储培君. 德育论 [M]. 福州：福建教育出版社，1997.

[2]胡厚福. 德育学原理 [M]. 北京：北京师范大学出版社，1997.

发展中，也存在着多种历史继承关系。当然，这种德育目标的继承性也是相对的，并是经过当时的统治阶级的选择和筛滤的，只有那些具有人文性的德育目标才具有共性，能为各个社会所接受。历史性是指德育目标绝对不是固定不变的，它是随着社会的发展而变化的。一定时期的德育目标必然会为新时期的德育目标所替代。稳定是相对的，变化是绝对的。

（二）愿景性和现实性

德育目标的确立具有愿景性和现实性的特征，并在最大限度上实现二者的统一。愿景性是从企业战略研究中借用过来的词汇，原指企业战略目标具有前瞻性和理想性。由于德育目标是受教育者应该达到的标准和规格，是指向未来的，而且确立的标准和规格相对于受教育者原有的思想品德水平，是预期的结果，这就决定了德育目标具有愿景性的特征。现实性则是指德育目标从现实出发，根据受教育者的思想品德形成和发展的实际水平而提出具体要求。同时，现实性也意指不能脱离现实社会而实际存在的道德水平。现实性是德育目标具有可行性和有效性的客观前提。

（三）一致性和层次性

学校德育本身的复杂性及其系统关系决定了德育目标是一种系统化了的目标体系。既为体系，则目标具有一致性特征就成了必然要求，否则体系便失去了存在的基础。一致性是指在一定的社会当中的德育目标一定要反映该社会的总体要求，反映教育总目标的要求。但一致性并不排斥层次性。层次性即指在德育总体目标下的各级各类更为具体的目标。如果从目标构成成分来看，有认识方面的目标，也有情感和行为方面的目标；从教育的性质来看，有普通教育的德育目标，也有各种专业教育的德育目标。一致性与层次性特征符合马克思主义关于人的全面发展学说的真正意蕴。

三、高校德育目标构建的依据

（一）关于人的全面发展的学说

对人的全面发展问题的探讨古已有之。在人类早期的社会活动中，人们就朦胧地意识到自身潜力的存在，萌发了对人的完美、和谐发展的追求。我们的祖先很早就提出了"六艺"的要求，即礼、乐、射、御、书、数。古希腊理想的完人是在理性支配下，身心都得到健康发展的人。柏拉图在《理想国》一书中提出体、智、德的"三育"思想，认为人在理性的指导下，身心应得到全面的发展，达到美、智、仁、勇。亚里士多德认为，社会是自我完善的唯一途径，人应该智、德、体全面发展。

14—16 世纪的欧洲文艺复兴时期，新兴的资产阶级代言人打着复兴古文化的旗帜，同封建专制、教会神学进行了不懈的斗争。人文主义者高扬人的价值与尊严的"旗帜"，要求个性解放和人的全面发展。很多学者都从不同角度抨击了旧制度，主张加强教育，实现人的德、智、体、美、能等多方面的发展，成为有修养的完人。英国伟大的诗人、戏剧家莎士比亚认为，完人应该理性、高贵、善良、有无穷的力量和端庄的仪表、举止等。

18 世纪的思想家也广泛地探讨了这一问题。法国启蒙思想家卢梭主张顺应人的自然本性，进行自然教育和自由教育。他认为，人性本善，是社会和文化使人堕落，如果能造就新的、适合人性健康发展的社会、环境和教育，人就能恢复自然本性。德国哲学家约翰·哥特弗雷德·赫尔德（Johann Gottfried Herder）认为，各种知识是人全面发展的关键，全面发展是人成为真正的人的前提。另一位德国古典哲学家约翰·戈特利布·费希特（Johann Gottlieb Fichte）认为，人应该通过职业选择将自己的全面发展和社会的全面发展联系起来。黑格尔在《精神现象学》中指出，只有教育才能促进人类的完善，使人得到充分发展，实现人的自由本质。他认为，社会和国家的目的在于使人类的潜能及一切个人的能力在一切方面和一切方向都可以得到发展和表现。

18—19 世纪的空想社会主义者都曾从不同角度发展了上述思想。这些思想对马克思和恩格斯都产生了一定的影响，但是由于阶级和历史条件的局限，上述各种关于人的全面发展的观点都有片面性和局限性，如忽视人的本质、未能揭示人的全面发展的规律。

所谓人的全面发展，即人的全面而自由的发展，是一个内涵丰富且不断扩展的概念，它随着社会的发展而不断获得新的现实依据。对于人的全面发展问题，马克思、恩格斯等革命导师早就对此做出过科学的论述，这些论述不仅成为马克思主义关于人的理论的重要组成部分，而且成为我们今天确定人的全面发展内涵的最重要的理论依据。

马克思把人的发展的全部历史划分为三个阶段："人的依赖关系……以物的依赖性为基础的人的独立性……建立在个人全面发展和他们共同的社会生产能力成为人们的社会财富的这一基础之上的自由个性……"并指出只有第三阶段——人的自由而全面的发展阶段，才是人类最美好的社会。在《资本论》中，马克思进一步强调指出，人类理想的共产主义社会将是"以每个人的全面而自由的发展为基本原则的社会形式"。

从马克思关于人的全面发展的论述中不难看出，它的含义主要包括两个方面的内容：一方面是指人的德、智、体、美、劳诸方面的全面而协调的发展；另一方面是指人的个性的自由发展。

高职院校学生是社会主义现代化建设的急需之才，培养全面发展的高职院校学生是高职教育的根本任务。德育作为高职教育的重要组成部分，理所当然地要围绕"培养全面发展的人才"这一根本任务来确定目标。

（二）人类有关德育目标的宝贵思想遗产

德育作为社会现象，自原始社会产生教育活动之后就出现了。随着社会的发展，人们对这一现象的认识不断深入，历史上许多哲学家、伦理学家、教育家以各自的哲学思想为基础，不断总结、阐述，形成了关于德育方面的论述（其中也不乏关于目标建构方面的论述），为我们进行德育研究留下了弥足珍贵的遗产。

卢梭的培养"道德公民"论。卢梭的德育理论主要是通过他的长篇小说《爱弥儿》反映出来的。他认为德育要在承认人性本善和自爱的基础上进行，"在人的心灵中根本没有什么生来就有的邪恶"，人天生就有自爱和爱人的欲望。自爱是原始的、内在的。卢梭主张，道德教育主要有三个任务：培养善良的感情、正确的判断和良好的意志。道德教育完成了这三个任务就基本达到了道德教育本身的目标——培养道德公民。卢梭认为，好的道德教育就应培养道德公民，因为他知道如何才能够最好地使人改变天性，如何才能够剥夺他的绝对存在，而给他以相对的存在，并且把"我"转移到共同体中去，以便使各个人不再把自己看作一个独立的人，而只看作共同体的一部分。

约翰·弗里德里希·赫尔巴特（Johann Friedrich Herbart，以下简称"赫尔巴特"）的德育"五目标"论。赫尔巴特是资本主义上升时期德国著名的教育家。赫尔巴特把德育看作教育最根本的、最首要的任务，是全部教育目的的核心，认为教育的真正目的是道德的目的，即一个人不管从事什么职业，都必须具有一定的完善的道德品质。他认为全部的道德教育都要达到五个目标，那就是"五种道德观念"：内心自由、完善、仁慈、正义、公平或报偿。他觉得这五种永恒不变的"美德"是"巩固世界秩序的永恒真理"，也是维持现有社会秩序的行为准则。美国一位著名的教育史专家曾经指出，五种道德观念以一种新的形式表述了亚里士多德的善人和善行，根据教育目的把个人和社会统一起来了。五种道德观念各有指向，前两种道德观念调节个人道德行为，后三种调节社会道德行为。

杜威的德育目标论。作为一个著名的哲学家和教育家，杜威的实用主义思想对美国、对世界上许多国家都产生了深刻的影响。他在道德教育领域内的论述也处处渗透着实用主义的特征。杜威的一个著名观点是"教育即生长"，也就是把教育看作促进儿童天生本能欲望生长的过程。基于这样的认识，他指出，道德教育的目标之一就是要发展个体的道德思维和判断的水平。他的另一个著名的论断是"教育即生活"。他认为一切教育的最终目的都是使儿童社会化，道德教育也不例外，道德教育的一个目的就是培养儿童的社会协作精神和有效地参与社会生活的能力。杜威提出了学校道德教育的总目的，即一切学校的目的是形成人格，认为在任何时间都要坚持这个目的。

劳伦斯·科尔伯格（Lawrence Kohlberg，以下简称"科尔伯格"）的德育目标"三水平六阶段"论。科尔伯格是美国当代著名的道德心理学家和道德教育理论家。他从 20 世纪 50 年代起开始涉及道德发展研究，经过几十年的潜心探索，最终形成了"认知发展的道德教育模式"，这是迄今最复杂、最完整的道德教育理论和实践体系。科尔伯格的认知发展道德教育理论是当代西方学校德育流派中最负盛名的德育理论，它被誉为现代学校德育的"基石"。这个理论认为道德发展的核心是道德思维的积极发展，而道德思维的发展有时以逻辑思维的发展为前提和必要条件。他指出，道德教育就是要向个体提供丰富的社会经验和角色承担机会，以促进儿童的道德判断沿着内在的阶段顺序向上发展。道德教育的目标和方法就是通过激发学生的积极道德思维以提高发展的水平，也就是说德育的中心目标就是发展道德认知力，提高道德认知的水平。他还对道德发展的目标做了三水平六阶段的划分。

人本主义学者"自我论"的德育目标。与传统的道德教育思想不同，人本主义教育家从一开始就提出了不同凡响的道德教育目标。在卡尔·罗杰斯（Carl Rogers）看来，道德教育乃至整个教育的目的就是培养和发展个体的"自我意识"。在美国心理学家马斯洛（Maslow）那里，这一目的被表述为"自我实现"。而高尔顿·乌伊拉德·奥尔波特（Gordon Willard Allport）则指出，道德教育就是一个促进"自我"形成的过程，"自我意识"就是指个体对自身特性，以及其与社会环境的关系的理解。正是这种意识成了个体道德认识、道德情感与道德行为发展的决定因素。因此，道德教育的目的就是要促进这种"自我"的"意识"，实现这种充分的"自我"，促进这种"自我"人格结构的形成和发展。

第二节　对我国高校德育目标的反思

政治性过于突出。在过去相当长的一段时间内，我国在高校的德育目标设定上存在着偏重政治教育和理想教育，而忽视其他方面的教育的现象。虽然在特定的社会历史条件下这样做是完全有必要的，并取得了一定的成效，在力促达到社会稳定方面起了一定的作用，但从培养和造就与社会主义现代化建设进程相适应，并能做出较大贡献的一代新人这一高度和层面来认识，就必须确定德育的目标和内容的科学体系。政治教育、理想教育理应是德育的核心和主导，但不能把德育与政治教育或理想教育完全等同起来，以致减少德育的内涵，影响德育的效果。与人的现代化渐进过程相适应，现阶段高校德育还应有爱国主义教育、人生观教育、法纪教育、公德教育、审美教育及心理健康教育等方面的目标。

过于强调"大一统"。我们的德育已经习惯了按同一模式、同一标准、同一方法来要求和教育所有的学生，这就在实践中忽视了学生个性品质的多样性和层次性。德育的基本目标成了使教育对象的思想统一、行为统一。虽然学生道德品质的发展在年龄阶段上有共性，但其个性差异也是很显著的，学生怎样对待学习、怎样对待别人和集体，以及怎样对待自己都有各自不同的表现。学生来自不同的家庭，过去所接受的学校、家庭和社会的教育也不尽相同，原有的道德品质也不尽相同，修养素质水平也有差异。所以，高校德育一厢情愿地一刀切，目标缺乏层次性，用一个尺子去量不同的学生，是注定收不到满意的效果的，甚至会导致教育的失效，培养的学生缺乏独立人格支柱、坚强的意志力量和作为生命成熟标志的创新性智慧与能力，整体素质难免趋向庸常化，远不能适应世界大势并予以自觉、快速地根本改善。

缺乏对生态价值的应有关注。在以往的德育过程中，人们陷入了"人类中心主义"的误区，似乎人之外的事物成了纯粹的手段，物的意义被等同于它对于人类的有用性。科学技术的进步似乎为人类提供了无限的可能性，这就意味着人在成为自主的创世者的同时也成了世界的破坏者，这种德育显然忽视了生态的价值，不懂得生态的灾难实际上是人本身的灾难。在生态危机面前，许多有识之士开始清醒并行动起来，许多国家开始运用行政、法律手段限制和惩罚破坏自然生态的行为，以拯救人类共同的家园。但生态危机的出现和解决，不仅仅是技术和法治的问题，更是伦理的问题。从历史的角度来看，道德进步的过程同时也是人类伦理关怀对象扩大的过程。将伦理道德的范围扩大到动物、一切生命及生态环境，这是伦理道德发展的必然趋势。因此，在德育目标体系中凸显生态伦理取向是历史发展的必然。

第三节　高职院校德育课程实践教学目标体系的构建

前文以较大篇幅论述了建构高职院校德育目标所必须参考的一些依据。据此，结合我们国家和社会对当代大学生的道德素质要求及个体自我德行发展的需要，笔者拟在基础目标、主导目标、核心目标、最高目标四个层次上设定我国高职院校的德育目标，以期能够把先进性要求与广泛性要求有机地结合起来，最恰当地反映出对不同层次的大学生不同的道德要求。

一、基础目标：培养具有良好公德意识和习惯的人

如前所述，我国部分高职院校德育目标存在片面重视理论教育，且要求过高、过急，忽视了基础道德教育，尤其是对学生的基础道德养成教育重视不够的问题。因此，高职院校德育在整体目标上存在着与学生的实际发展水平与发展需要相脱节的实践性不够的局限，影响了高职院校德育的实效。以此为鉴，我们理应充分尊重个体道德素质形成的规律，以及学生的道德发展水平及发展需要，注重从基础层次的道德要求抓起，设置科学的基础目标，避免培养出具有虚假人格的学生。

笔者认为，高职院校德育的基础目标应该定位为培养具有良好公德意识与习惯的人。这里的公德是指数百年来人们就知道的、数千年来在一切处世格言上反复谈到的、起码的公共生活规则。而公德意识和习惯则是指公民对

自己在一定的社会公共生活中应当遵守的最基本、最简单的生活准则和行为规范的自觉意识及行为方式。高职院校德育在基础目标的选择上对培育良好公德意识和习惯的这种强调，是一种实事求是的必然选择。这也是在充分考虑到以下几个方面的因素后得出的必然结论。

首先，这是由现代公民德育的根本任务决定的。在现代社会生活中，道德伦理已经相对划分为社会公德、职业道德和个人道德等不同的领域，而公民道德教育的主要任务，就是培养人们具备作为现代社会的一员所必需的基础道德，使之具备与现实相适应的公德意识。虽然从个人修养的角度出发，道德上应该是"严于律己"的，但由于很难把握普遍适宜的高尚道德的共同标准，所以关于较高和更高的道德追求，应该放在个人道德修养的范围内，由个体自己去解决。现代公民道德教育的任务，则是从整个社会的普遍性立场出发，培育出一种具有普适性的现代公民道德体系。这就要求本着"宽以待人"的原则，使其道德要求具有普遍遵从的可能性。具体表现在道德教育的目标上，就是要注重那些全体社会成员都必须共同遵守的基本道德要求（公德），具备良好的公德意识。

其次，从规范性与可能性出发，注重基础道德养成的道德教育，更容易被人普遍接受而取得实际效果。虽然从教育的本质规定来看，德育是一种使人内化社会所必需的道德体系的活动，但要使这种内化能够顺利进行，作为一种具有普遍约束力的规范体系，现代公共道德就必须是一种普遍、可能的领域，否则它就无法起到预期的约束作用。因此，在选择德育目标时，必须考虑到大多数人的现实道德水平和需要，以保证所需内化的道德体系具有普遍遵从的可能性。注重公共基础道德意识养成的道德教育目标，更合乎现阶段我国大多数高职院校的道德需求水平及其变动的趋势。面对严峻的道德现实，强调始终如一地履行一些最为基本的公德，显然比对崇高道德理想的强调更易见到实效。现代公德教育并不放弃对崇高理想的追求，并真诚地希望和鼓励人们在道德上不断提高，但它却不能把自己的行动建立在这种希望之上，或者把注意力集中在少数典型的人物上。注重典范人物的带动作用，虽然是我们道德教育的优良传统和"强项"，但现代公德教育更应该立足于人们现有的道德水平，从最基本的、具有普遍可接受性的基础道德入手，脚踏实地、一丝不苟地开始做起。这才是崇高道德境界的坚实根基。

在我国高职院校德育的基础目标选择上，对培育良好公德意识和习惯的高度重视，不会影响到我国社会道德水平的整体提高。这是因为：第一，今天我国的道德现实存在的问题，不是因为社会中缺乏对道德境界的崇高追求，而是由于一些人不能够始终如一地履行一些基本的道德规范，缺乏应有的公德意识。第二，即使是从个人道德修养的角度出发，坚持不懈地履行一些最为基本的道德规范，也会使人走向崇高的道德境界。其实，历史和现实中都不乏坚持某些基本道德从平凡走向崇高的例子。总之，我国现阶段的高职院校德育在基础目标的选择上，必须高度重视公德的培养问题，注重社会所必需的公德意识和习惯的养成。

就培养高职生良好的公德意识和习惯而言，笔者认为应着重做好以下三个方面的工作。

第一，培养高职生尊重他人的伦理态度。作为一种道德态度，尊重他人的最基本的道德含义在于尊重他人的存在，表现出对其他同时在场者的适度关心和谦让，以及对体力和智力上较弱的在场者的适度照顾，等等。尊重他人的伦理态度主要是指不以行动伤害他人身体与财产、不以言词影响他人的人格尊严，以及不以行动影响他人对公共场所与设施的使用，当不得不有所妨碍时，应当意识到这种妨碍并尽可能地把它降到最低。例如，公共场所的文明礼貌、礼仪谦让，公共交往中的关心和同情，公民日常生活中的爱心与帮助，等等。在现代社会的公共生活中，尊重他人意味着尊重他人的人身权利、财产权利、名誉权利、思想和信仰权利等，至少是不损害、不妨碍这些权利。不妨碍这些权利的运用，其最一般的意义在于：一个人对其权利的运用需以尊重或至少不侵犯他人的同等权利、不妨碍他人对其同等权利的运用为条件。公共生活秩序的形成有赖于个体之间的相互尊重，在使用公共交通工具、道路、公园等公共场所，甚至在进行社会竞争时都需要这种尊重他人的态度。在公共生活中，尊重他人实质上是一种相互承诺的道德态度。法律能够维护的是公民间以法律文书确定的契约关系，发生于社会公共生活中的大量信用关系则要靠个人尊重他人权利的承诺态度和对承诺的履行来维系，这类信用责任能得到履行是现代社会生活得以开展的一个必要条件。一旦这种关系受到根本损害，社会的公共生活与日常生活都将处于无序状态。

尊重他人的伦理态度是具有世界普遍性的。1993年在芝加哥召开的世界宗教会议上，确立了两项基本的道德原则，即每一个人都应该得到人道的对待。从某种意义上来说，这两项道德原则的精神实质都是尊重他人。

第二，培养高职生个人利益和社会利益相结合的社会责任感。所谓社会利益，表现为社会公共生活存在与发展的利益、社会成员间的交往与合作关系存在与发展的利益，以及需要国家组织与管理公共生活秩序的利益。培养高职院校的社会责任感，树立起一种对他人负责、对社会负责、对历史负责、对未来负责的思想行为规范，是我国高职院校德育的一项重要内容。把个人利益与社会利益相结合，是公民社会责任感的一种表现。因为社会是所有个体的社会，没有社会整体的强大，从根本上讲，个体的利益、个性的发展将失去基础与保证。对社会的责任要求个体在寻求自身利益时不能损害社会、国家、集体的利益。个人利益与社会利益相结合的原则具有三个层次的内涵：一是个人的发展与社会公共生活的发展相互依存；二是个人的发展与社会成员间的交往与合作的发展相互依存；三是个人的发展与国家对公共生活秩序的组织与管理相互依存。

第三，引导学生继承和发扬中国优良的道德传统。毛泽东曾精辟地指出："中国的长期封建社会中，创造了灿烂的古代文化。清理古代文化的发展过程，剔除其封建性的糟粕，吸收其民主性的精华，是发展民族新文化、提高民族自信心的必要条件。"学者林毓生在《中国传统的创造性转化》中认为，自由、理性、法治与民主不能经由打倒传统而获得，只能在传统经由创造的转化而逐渐建立一个新的、有生机的传统的时候才能获得，这是中国知识分子当前最重大的课题。[①] 这个课题在全球化的趋势下显得更为迫切。中华民族素以礼仪之邦闻名世界，具有以德治国的优良传统。中国

—————————

①林毓生. 中国传统的创造性转化：增订本 [M]. 北京：生活·读书·新知三联书店，2011.

传统德治思想以血缘亲族的人伦关系为道德出发点，由近及远，推己及人，认为齐家、治国、平天下是一致的，因而特别注重社会公共生活中人际关系的调节与和谐，形成了内容丰富而独具特色的尊德尚礼的社会公德思想，即"老吾老，以及人之老；幼吾幼，以及人之幼"的尊老爱幼观念、"可终身而守约，不可斯须而失信"的诚信观念、"贵师而重傅"的尊师重道观念、"躬自厚而薄责于人"的严己宽人观念、"泰而不骄"的谦恭礼让观念。所有这些至今看来仍不失为其闪光之处，在我们的基础目标内容选择中应有所体现。

二、主导目标：培养合格的现代公民

教育是什么？让我们尝试综合一些其他权威人士对教育下的定义吧。如果把柏拉图的公民概念和亚里士多德的自由人概念结合在一起，教育就是如何栽培一个自由的公民的过程，这个过程如何产生和什么是自由的定义当然就取决于当时的统治者。根据杜威的说法，教育是一个改组、改造和转化的过程，教育的目的是求得个体持续的成长。苏联教育学家米哈伊尔·加里宁（Mikhail Kalinin）认为，教育是对受教育者心理上施行的一种确定的、有目的的和有系统的感化作用，以便在受教育者的身心上养成教育者所希望的品质。众所周知，教育负有双重任务：一是造福个人，创造美好人生与美好生活；二是造福社会，追求社会福祉。教育通过个人品质的培养而实现个人与社会的双重目的。教育培养公民是实现教育个人价值与社会价值统一的根本方式。因此，笔者认为，教育是一个社会为了促进其个别公民的思想发展和知识积累的有组织、有结构、有计划的手段和过程。教育的目的是让这个社会的所有公民都能透过这个过程（和配合一些其他途径）成为具有思想和知识的自由公民。鲁洁教授指出："回顾20年中国社会变革的事实，不能不看到的一个最根本的变化就是市场经济的兴起，以及由此而引发的一系列社会生活方式的深刻变化，人们开始从自然经济、计划经济中走出来，从而也逐步挣脱了由血缘、地缘和由依附群体所联结起来的人对人的依赖关系和隶属关系，他们开始能以一种自由、平等、独立人格的身份参与到市场经济及其他一切社会活动中来。由此说明市场经济孕育了新的人与人的关系，它为现代独立人格的发展开拓出了新的空间，这也是当代道德教育所面临的可能空间，在这样的空间中为道德教育培养出一代具有独立人格的公民……"如此，德育的主导目标定位为培养合格的现代公民是无可厚非的。

什么是公民？亚里士多德的经典定义是：公民是那些永久性参与施行正义和公正处理事务的人。这其实是指公民具有两种生活秩序，即作为个体人的私人生活与作为社会人的社会公共生活，并且在自己的生活与共同的生活之间，存在着鲜明的区分与紧密的联系。公民是个体人在与国家的正义的权利、义务关系中和与其他个体人之间的平等关系中的身份定位。个体人作为公民社会中的一员，既在地位平等和政治自由中充分自主地参与并处理、认同国家社会的事务，履行自己作为公民的义务与责任，表现自己的社会价值，又在独立自主中不受干扰地过个人的私人生活，在个人私德的实现中选择个人的生活目的与生活方式。公民既不是向国家与政府表示绝对忠诚的臣民，又不是与社会隔绝的个体"隐士"。社会发展到今日，现代意义的公民概念承继了以往的历史思想，并完全超越了其最初的内涵，它表明任何属于国家共同体的个人都具备成为公民的资格。公民就是指一个人，他对一个特定政府负有义务，而同时又有权获得该政府的保护及享有一定的权利。透过公民概念的发展历程，我们不难理解美国著名社会学家 T. H. 马歇尔（T. H. Marshall）有关公民资格的经典性论述。他认为：首先，公民资格是从属于社会正式成员资格的；其次，拥有这种地位的人在权利和义务上都是平等的。

合格的现代公民作为主导目标，符合以下三点基本要求。

1. 具有现代公民意识

所谓现代公民意识，是指作为生活在现代社会的主体应当具备的与现代民主政治、市场经济相适应的精神与价值观念。作为教育内容的现代公民意识则是一个多元的结构性要素，它主要包括以下几个方面。

（1）正确的权利与义务意识。现代法律的合理内核是权利与义务的统一性与一致性。对某一具体公民来讲，则体现为自由与责任的内在均衡、权利与义务的平等一致、利益与付出的对称相等。公民不单是权利主体，还必须是义务主体，自觉、理性、积极主动地遵守法定的、约定的各项义务和责任，是现代公民意识中与权利意识同等重要的内容之一。

（2）平等意识。我们应该培养超越所有社会类别的思想。在人类大家庭中，每个人在持久的一体化过程中都占有平等的地位。每一个民族都有生存和发展的权利，任何一个民族都不能把本民族凌驾于其他民族之上，个人也是如此。平等意识是宽容精神、民主精神的基石。

（3）开放意识。国家离不开世界，世界离不开国家，国家离开世界就失去了发展的机会，世界离开国家就无法成为世界。1978 年以来，我国果断将对外开放确立为国家的基本国策，使我们的社会主义事业得以巩固和发展。在全球化的今天，现代中国公民更应该增强开放意识，加快我国的现代化建设。

（4）全球意识。现在的全球问题具有普遍性、整体性、复杂性、深刻性和严重性五个特征。全球问题的一个重要特点是超越国界、民族、文化、宗教和社会制度。因此，解决这类重大问题需要各国人民的通力协作，建立新的全球伙伴关系。人类思维上的变革、观念上的更新是必不可少的，这就必然导致全球意识的产生。

全球意识有着十分丰富的内涵，对于高职生而言，主要包括以下几方面。

一是共存意识。它有两个含义：第一，人类社会的所有成员共同生活在地球上，而地球是到目前为止人类知道的唯一能让生命存活的星球；第二，人类社会的每一位"公民"共同生活在一个相互依存、相互联系的人类大家庭中。

二是生存意识。生存意识也包括两个含义：第一，人类生存的危机感——由于生态环境问题的加剧，人类的生存受到了威胁，人类已明显感受到了自身面临的生存危机；第二，化解危机的求生意识——当代人类面对威胁自身生存的生态环境问题而产生的一种强烈的求生欲望。

三是和平意识。人类在争取和平、反对战争方面有着共同利益，和平是如此至美至圣，其道理不仅在于可求安逸的生活，而且还因为有了和平才能在其中求得安定，构筑起协调生活的基础。和平意识的树立，首先要求消除讲求民族优越性的差别观念及排他的宗教观念。

如前所述，公民意识是一个多元的结构，其内涵极为丰富，除了上述几个构成要素，还有民主意识、法治意识、自由意识、价值意识、合作意识、创造意识等，都是现代公民必须具备的素质。

2. 主体性道德人格和理性精神

只有具备主体性道德人格和理性精神的人才能称得上是现代意义上的公民，才能有效地参与政治、经济和文化活动。主体性道德人格即独立、理性、自为、自由的道德人格，用描述性话语来说，就是处事不惊、清醒从容、有所执着、敢于担待、"立于天地之间"的道德人格。如果说，理想人格是时代精神在个体人格上的凝聚与表征，那么主体性道德人格则是现代理想人格更为内在或更为本质的内涵。主体性道德人格作为个体生命最为独立、理性、自觉、自为、自由的存在方式，使植根于明敏的心灵、无畏的勇气、坚强的毅力和热忱的信念中的个体的道德行为成为可能。在一定意义上可以说，主体性道德人格是建于内在的自由，即为理性所控制的自由基础之上的，它是我们向某种最高的善前进的自由。

另外，以往学校道德教育实施不太理想，这与对学生个体的主体性道德人格的形成关注不足是有直接联系的。主体性道德人格有高扬的必要。理性建立在主体性道德人格的基础上，崇尚独立的思考、否定的批判，它使高职院校逐渐摆脱直觉化和情绪化的思维方式，摆脱无所作为的依附心态，培养能够进行主观能动的认识和批判的社会意义上的人，而非被动消极的生物学意义上的人。这样的人能够对一系列的政治行为和政治事件进行独立的思考，做出比较客观的判断。他们不会人云亦云，盲目趋附别人的意见和看法，也不会轻易受人蒙骗，不会盲目地狂热。他们在集体政治生活中既能够尊重集体的意见和建议，又不会轻率地丧失自己的独立性和自主性。个人既是集体中的一分子，又是一个自主的存在。

3. 具有集体主义价值观

埃米尔·杜尔凯姆（Emile Durkheim，以下简称"杜尔凯姆"）曾说过："合乎道德的行动，就是根据集体利益而行动……道德领域的起点就是社会领域的起点。"历史上任何一个阶级，为了取得或维护统治地位，无不以全社会利益代表自居；历史上任何一种道德，为了维护社会和国家的长治久安，无不要求个人对社会做出必要的节制和或多或少的自我牺牲，就是资产阶级极端个人主义也不例外。那些总是把私人利益和公共利益对立起来的人是无知的。亨利希·梯特里希（Heinrich Dietrich）说过："把我们的利益同我们同伴的利益分开的道德，都是虚伪的、无意义的、反常的道德。""爱别人……就是把自己的利益同我们同伴的利益融合在一起，以便为共同的利益而工作。"

在传统社会向现代社会转型的过程中，伴随而来的必然是某种程度上的道德无序和迷茫。这种伴随社会发展而出现的道德变化，具有一定的必然性。集体主义作为社会主义道德的基本原则，在建立社会主义市场经济的今天，其核心地位和作用是不容置疑的。经济体制转换带来的人们在价值观念上的剧烈冲突，反过来更加要求我们必须始终不渝地坚持集体主义这个核心。

高职生集体主义价值观的基本伦理要求包括以下几个方面。

第一，对集体主义有正确的认识。集体主义的本义就是主张集体利益和个人利益相结合。它包括两个意思：一是就集体而言，应当把时刻关心和充分实现人民群众的个人利益作为一切工作的出发点和归宿；二是就个人而言，只要集体利益是正当的，或者说这个集体是真实的，是以时刻关心和充分实现每个成员的个人利益为出发点和归宿的，个人就应当自觉服从集体利益。当两者发生矛盾时，为集体利益牺牲个人利益是高尚的道德行为，是集体主义精神的最高境界。在集体主义精神中，首先强调的是个人和集体在权利与义务上的平等，即彼此负责，而不是一方对另一方的无条件服从。

第二，有纪律精神。杜尔凯姆认为道德具有三大基本要素，而纪律精神就是其中的首要因素。杜尔凯姆还认为，道德是各种明确规范的总体，它们说明在某种既定的情境中，人们必须怎样去行动。纪律就是使行为符合规范。任何力如果没有反作用力与之抗拒，就会在无限中迷失自己；所有能量如果没有其他东西介入来产生阻止作用，往往都会无限扩张，最终使自己趋于消亡。对于不容忍一切约束和限制的人来说，阻碍其发展的乃是无拘无束、无穷无尽的欲望。我们之所以需要纪律，就在于它具有抑制功能，可以防止个人私欲无限膨胀。

第三，有奉献、牺牲及协作精神。集体主义强调以集体主义为基础，强调集体的权威性，需要人们的奉献精神和牺牲精神。因为集体利益是个人利益的基础，具有更重要的地位，为集体利益而奉献和牺牲是一种高尚的道德境界，对于弘扬社会正气、主导社会的道德风尚起着举足轻重的作用。发展社会主义市场经济必然提倡竞争，然而要在竞争中获胜，既需要个人奋斗，也需要相互协作。事实证明，科学越是向前发展，社会越是前进，就越需要强调集体观念的建立。

三、核心目标：培养具有中华优秀民族精神的人

国外高职院校德育的一大特点是培养热爱本国、忠于祖国的公民。这个公民必须是具备本民族精神的公民。爱国是所有国家对自己公民的要求，而民族精神，则体现着人类群体的凝聚力和向心力，是一个民族赖以生存和发展的根本需要。因此，培养高职生民族精神是高职院校德育的核心目标和灵魂。德育只有强调培养青年学生的民族精神才会收到实效。

民族精神是一种激发人向上的动力源，是人类群体间一种强大而具有普遍意义的凝聚力和向心力。因此，世界各国都意识到民族精神应当成为高职院校德育的灵魂，德育必须致力于培养本国青少年的民族精神。新加坡就十分注重对国民进行"国家意识教育"，把培养"新加坡人"作为新加坡德育的核心。20世纪90年代初，新加坡国会曾经提出了被全体新加坡人认同的"五大共同价值观点"，即"国家至上，社会为先；家庭为根，社会为本；关怀扶持，同舟共济；求同存异，协商共识；种族和谐，宗教宽容"，并在此基础上，大力弘扬"敬业乐群、勤劳进取、廉洁奉公、讲求效率"的精神。韩

国主张把"弘益人间"（韩国历史上第一个王国的建国精神，意指广为人类谋利益）作为教育理念，强调民族的德育第一，表现为自主性、公益性、协同性、勤勉性、奉献性、效率性，以强化民族自立精神，重塑民族之魂，因而被一些学者概括为"有国籍的教育"。一些国家德育的成功已经证明：越是强调德育培养民族精神、民族精神培养越突出的国家，德育就越有效。这种寻根意识已经成为当今世界青少年德育的核心目标之一。

关于中华民族精神的内涵，我国学术界在探讨的过程中呈现出诸多看法。有的把它概括为四个相互联系的方面：自由精神、理性精神、求实精神、应变精神。也有人认为刚健有为、兼容并包等是中华文化传统的基本精神。张岱年先生认为，构成中华民族精神应当具备两个条件：一是有比较广泛的影响，即为中华民族的"多数人民所信奉"；二是能激励人们前进，有促进社会发展的作用。系统地考察中华民族历史，不难发现，爱国主义精神、自强不息精神及追求崇高的人格精神构成了中华民族精神的核心，并且为多数人所信奉，具有推动社会发展的作用。

1.爱国主义精神

爱国主义是民族精神的根本特征，是民族精神的一面旗帜。爱国，就是对祖国的忠诚和热爱，就是长期积淀起来的对自己祖国最深厚的情感。江泽民同志在中国科协第五次全国代表大会上曾指出："爱国主义，是一个国家、一个民族凝聚人民的重要思想基础和不断追求进步的强大精神动力。"

爱国主义是一个历史范畴，在社会发展的不同阶段、不同时期有着不同的具体内涵。在新时期，对高职院校爱国主义精神的具体要求应包括以下几点。

第一，爱社会主义。社会主义和爱国主义之间存在着辩证统一的关系。首先，社会主义代替资本主义是历史发展的趋势，爱国就必须把祖国引向符合人类社会发展趋势的社会主义道路，两者在历史发展的根本方向上是一致的；其次，建设中国特色社会主义的根本目标是把中国建设成富强、民主、文明的社会主义现代化强国，而实现中华民族的伟大复兴则是当代中国人民爱国主义的历史追求，两者在历史发展的根本任务上是一致的；再次，社会主义体现了为全体人民谋利益的理想和实践，真正的爱国主义者又都是希望人民幸福、富裕的，两者在社会实践的价值取向上实现了统一；最后，爱国主义、社会主义都是凝聚中华民族、推动中国发展的伟大精神动力，是振兴中华的两面光辉旗帜，这样两者在对中国发展的作用上也实现了统一。在当代中国，爱国主义和社会主义在本质上是统一的，统一于建设中国特色社会主义事业的伟大实践中。既然社会主义和爱国主义在本质上是统一的，那么爱国就要爱社会主义。

第二，肩负起维护国家安定、民族团结、祖国统一的神圣职责。爱国是一种职责。爱国的责任意识首先表现在维护国家安定上。21世纪是中国发展的大好时机，维护国家安定是当代最为现实的爱国之举。其次表现为反对国家和民族分裂、维护国家统一和民族团结。历史上，维护国家统一从来都是爱国主义的最强音。一个繁荣、强盛的中国，必须是一个统一、完整的中国，因此争取祖国统一是今天每一个中国公民最大的爱国愿望和政治责任。各民族的大团结是国家兴旺发达的基础，21世纪的国家竞争日益激烈，这更需要全国各族人民紧紧团结在党中央的周围，拧成一股绳，这样我们在国际竞争中才有立于不败之地的保证。高职生应该自觉地担负起维护国家安定、祖国统一和民族团结的历史重任。

第三，具有民族文化认同感。文化生存是民族生存的前提条件，文化的生存状态不仅积淀着一个民族过去的全部文化创造和文明成果，而且还蕴涵着它走向未来的一切可持续发展的文化基因。文化乃是维系一个民族的精神纽带。对本国民族文化的保护已经成为当今世界各国的一个共同主题。德育的一个重要内容是培养学生的民族文化认同感。认同和弘扬一种文化不是像对待古代文物那样让它与世隔绝，相反，一种文化只有与时代相适应，不断地更新和发展，又不失去自身传统的特色，才是一种有生命力的文化、一种根深叶茂的文化。它需要在与外部环境、外来文化的不断撞击中得到锤炼、得到发展，在发展中生存，在发展中繁荣。高职生不仅要为本民族的文化发展做出贡献，还应培养共存意识，要正确对待其他民族文化。

爱国主义并不是空泛的说教，在新时期，它的真谛和最终落脚点在于引导青年学生投身到建设中国特色社会主义的伟大实践中去。

2. 自强不息精神

自强不息最早出自《周易》："天行健，君子以自强不息。"健，指的是刚健能动。自强不息精神是中华文化的重要命题。"刚健而文明，应乎天而时行。"天体运行，健动不止，生生不已，人的活动应效法于天，故应刚健而有为，自强而不息。"盖文王拘而演《周易》；仲尼厄而作《春秋》；屈原放逐，乃赋《离骚》；左丘失明，厥有《国语》；孙子膑脚，《兵法》修列；不韦迁蜀，世传《吕览》；韩非囚秦，《说难》《孤愤》；《诗》三百篇，大抵圣贤发愤之所为作也。"（司马迁《报任安书》）自强不息体现了一种自我完善、永不停息的进取精神，集中反映了中华民族朝气蓬勃、努力向上的顽强生命力，以及百折不挠的开拓精神和斗争精神。

人应效法天之道，不相信命运，不依赖外力，自立自强，进德修业，奋斗不止。这种教导人们效法自然的刚健法则，不畏艰难、努力奋斗的自强不息精神，已成为中华民族心理意识的精髓，引导了一代代中华儿女奋发自强、坚持不懈地为民族兴旺昌盛而英勇奋斗。21 世纪，各国家和民族图生存、求发展的竞争日益激烈。谁在这场竞争中落后，就会被时代抛弃。中华民族应有此忧患意识，我们的高职院校更应该有清醒的认识。

自强不息精神可以表现为很多个方面，如勤劳勇敢、百折不挠、坚韧不拔、顽强拼搏、奋发向上等一系列的优秀品质，但更为根本的是革故鼎新精神。

革故鼎新精神是自强不息精神的精髓，离开革故鼎新精神，自强不息精神就会变成一句空话。革故鼎新精神在今天有两层意思：一为批判，二为创新。批判主要表现为：①批判资本主义制度，揭露其腐朽的实质和虚伪的面目；②批判旧观念，和一切消极的传统观念决裂，崇尚积极的新价值观；③批判霸权主义、抗击强权政治、批判军国主义、抗击侵略活动。坚持世界上的一切国家和民族平等互利、和平共处的原则，主张国家不论大小、强弱，一律主权平等。自强本身就有创新之意。世界发展日新月异，一个自觉的民族必然应当清醒地审视自身的特点，改造一切不利于民族生存和发展的思想观念，以推进民族的持续发展。若我们还是墨守成规、故步自封，那我们永远都是落后于人的。抱残守缺、因袭模仿是国之大害，唯有创新才是一个民族进步的灵魂，才是一个国家兴旺发达的不竭动力。"苟日新，日日新，又日新""周虽旧邦，其命维新"。提高全民族，尤其是高职院校的创新意识和创新能力，是中国实现跨世纪发展的必由之路。

3. 追求崇高的人格精神

我们的祖先，一贯重气节、讲人格。孔子曾有"三军可夺帅也，匹夫不可夺志也"之评论，十分贴切地道出了中华民族不屈不挠、坚毅果敢的凛然正气。孟子也力主在道德上要做到"富贵不能淫，贫贱不能移，威武不能屈"，要善养浩然之气，表现了先儒崇尚气节的思想倾向。《礼记·儒行》以"儒有可亲而不可劫也；可近而不可迫也；可杀而不可辱也"来表达儒者的刚毅之气。《吕氏春秋·诚廉》用"石可破也，而不可夺坚；丹可磨也，而不可夺赤"来颂扬永不变节的品性。这些光彩照人、追求崇高的人格精神，给予中华民族以深远的影响。中华民族历史上后来涌现出的许多志士仁人，都继承和发扬了先贤的人格独立精神，他们在人生旅程中，坚持不为名利所诱，不与黑暗势力同流合污，表现了难能可贵的高风亮节。唐有孟郊以"镜破不改光，兰死不改香"的名句，表达了崇尚气节的人格精神；明有于谦用"粉身碎骨浑不怕，要留清白在人间"的誓言，表达了无比高尚的情操。在 21世纪的今天，现代化正以全新的面貌召唤着古老的中国，中国的传统人格精神是否还有现实的意义呢？中国要实现现代化，首先是人的现代化。人的现代化不仅是中国现代化中最关键的因素，也是最深层的问题、最艰巨的工程；同时，人的现代化还是现代化目标的核心。在这个过程中，新旧体制的变换也带来了伦理观念的变化，对新道德、新人格的呼唤日趋高涨。但这种建构新型人格的工作决不能脱离传统，传统的人格精神以各种方式在我们身上体现着。而且，传统的人格精神中还存在着许多有现实生命力的成分。传统的人格精神实际上是中华文明的精华之一，它造就了中国人民修身平天下、积善成德、崇德广业的可贵品德，是社会发展不可或缺的德行品质。传统不应被看作障碍或不可避免的状况。抛弃传统应该被看作新事业的一种代价，保留传统则应该算作新事物的一种收益，传统应该被看作有价值生活的必要构成部分。传统文化是现代文化的逻辑起点，现代文化是传统文化的创造性转换。只有充分吸收中国古代的追求卓越的人格精神，才能使现代人格的构建有一个稳定的立足点。

虽然中国民族精神的构成内容还远远不止这些，但以上可视为中华民族精神的基本要素。千百年来，人们依托这些要素，不断地加以重新铸造，从而对中华民族的价值取向、行为方式产生了深远而又常新的影响。哲学家黑格尔说过，要剥取一个哲学体系中所包含的基本概念，即人类认识史的必要环节，必须粉碎由当时社会历史条件形成的这个哲学体系的外在形式，清除掉局部性的和偶然性的东西。同样，今天我们要求道德教育要培养出具有中华民族精神的大学生，要弘扬中华民族精神，就要清除与之杂糅在一起的由一定社会历史条件形成的那些消极的东西，继承和发扬积极的内容。

四、最高目标：培养具有共产主义信仰的人

有无必要设定高职院校德育的最高目标，在教育思想家中间一直未能达成统一意见。相当一部分人认为最高目标太脱离实际，并以此为由加以拒斥。而人文主义教育家却对此十分坚持。联合国特约教育专家拉塞克（Rasskh）曾明确指出："我们不要忘记文艺复兴时期和启蒙时期的哲学在改造教育方面所起的有益作用，尤其应牢记古希腊珍贵的榜样。正如卡尔·马克思所指出的，在古希腊，一种作为强烈和持久向往之目标的理想在生理上和精神上成功地塑造了人类，无论如何教育活动和教育机构只有遵循着一个最高目的才有存在的理由。"这毫无疑问是言之成理的。尽管德育不能不考虑当下的、现实的需要而确立近期的和现实的目标，但是绝不意味着德育的最高目标的研究是无关紧要的。因为，当我们以流变的眼光看德育时不难发现，仅仅立足于特定的现实需要的德育是有局限性的，它只能造就有限的、有缺陷的人，而这样的人难以使人类文明获得不断的进步。理想的德育应该既基于现实，又高于现实。这样，为德育设定最高目标则显得十分必要了。

德育的最高目标应该追求人所能达到的最高道德境界。而人所能达到的最高道德境界就是有共产主义追求，具体而言就是要有共产主义理想和

信念。

市场经济、改革开放带来了社会经济结构的重大变化，由此引发了人们价值观念体系的深刻变化和对计划经济体制下的共产主义道德理想教育的反思。为人民的利益而奋斗，这就是共产主义信仰的精髓。今后培养出来的青年学生的思想道德和科学文化素质如何，直接关系到中国的面貌，关系到中华民族的伟大复兴。所以，在新时期重新引导大学生，尤其是高职院校学生逐步树立共产主义理想信念迫在眉睫。

我们说到共产主义信仰时，心里想的往往是未来的共产主义制度或社会。这当然是不错的，但却不全面。事实上，共产主义理想不仅是一种社会政治理想，也是一种个人道德理想。它不仅是人类社会发展所追求的理想社会，也是个人道德修养所追求的理想人格和道德境界。所以，把高职院校德育的最高目标设定为培养具有共产主义信仰的人并非脱离实际，现实生活中已经涌现了大量像雷锋、焦裕禄、徐虎、李素丽这样的具有共产主义道德精神的人。另外，从本质上说，对于真正的共产主义的追求者，他们关心的是自己能为共产主义的实现做些什么，他们的人生意义就存在于他们的追求过程之中，追求本身就是意义。人生对理想的追求，无论这个理想是否实现，都构成了人生的实际内容，提供了充实而积极的人生体验。一代代的共产主义者抛头颅、洒热血，虽然渴望共产主义的胜利，但很多人都清醒地认识到这并不一定在自己有生之年能实现，但他们无怨无悔。他们似乎一无所得，但却真正实现了人生的价值，使生命放射出了最耀眼的光芒。无可否认，我们应该理性地认识到，目前由我国经济基础决定的道德价值取向存在多元化的趋势，在普遍意义上达到共产主义的道德要求尚缺乏条件。但我们更应该使高职院校学生理性地认识到共产主义的远大理想并不是空洞、抽象的。

当代高职院校在坚定自己的共产主义信仰时，应当着重从以下几个方面努力。

第一，对待马克思主义要坚持科学认识与科学信仰的统一。这是对马克思主义的态度问题。马克思主义本身是科学认识和科学信仰的统一，不能只把马克思主义当作一个理论体系，把它等同于一般的学术流派进行单纯的学术研究和讨论，而忽视它科学信仰的一面。应该明确，马克思主义不仅是人类信仰的一种，而且是人类历史上伟大、富有活力和有广阔前景的信仰，它适应于无产阶级和人类解放的需要而产生，并越来越成为全世界无产阶级和进步人类的精神支柱。另外，还要认识到马克思主义在本质上是批判的、革命的，它在批判旧世界中发现新世界，随着实践的深入而不断丰富发展自己。马克思主义的基本原理不容否定，否定了它就会丢失根本；但又不能把它教条化，它不同本国实践相结合，就会没有生命力。

第二，要树立共产主义理想。共产主义理想是人类历史上最科学的社会理想，有了共产主义理想，就有了奋斗目标，就可以使自己保持前进的动力。在社会主义现代化建设的年代，它主要体现在致力于现阶段的共同理想的实现。作为最终目标的共产主义社会，需要经过一系列的发展阶段才能实现，所以必须努力完成每一阶段的特定任务。把现实的努力和崇高的理想结合起来，从来都是共产主义的特性和优势。

第三，要坚定共产主义信念。长期以来，我们一直很重视坚定理想信念的教育，但总的来看效果并不太好。原因当然是多方面的，其中一个重要的原因就是在进行理想信念教育的时候，往往只讲理想，不大讲信念。离开基本信念而孤立地谈论理想及追求，就容易使人们产生一种理想信念问题上的狭隘思维方式，把内涵极其丰富的共产主义信仰体系简单地归结为共产主义理想问题，进而把共产主义理想问题归结为共产主义理想的实现问题，最后把共产主义理想的实现问题归结为共产主义理想何时实现的问题。其实任何信仰都包含着信念和理想两个基本方面，它们分别是这一信仰的基本信条和这些信条在奋斗目标上的体现。共产主义信仰也不例外。共产主义者的行为追求，不只是一种理想的追求，更是一种理念的追求或信念的追求。共产主义信仰中包含着一系列基本理念或基本信念，这些基本信念具体体现在一个未来目标上，表现为共产主义理想。信念是理想的基础，理想是信念的体现。

第四，要有实干精神。我们倡导的共产主义远大理想并不是天方夜谭式的幻想，而是植根于实践的理想。要树立共产主义的远大理想，不能关在小房子里闭门造车，要到共产主义运动（在当前，也就是社会主义现代化建设）中去，深入实际，脚踏实地地工作，勤奋刻苦地学习。只有在革命和建设的实践当中，共产主义理想才会更加牢固。树立共产主义理想并不是目的，关键在于必须勇于为了它的实现而奋斗。高职院校学生的主要任务就是学习，有没有实干精神，就表现在能不能脚踏实地地刻苦读书，完成学习任务，取得优异成绩，掌握真正的本领，时刻准备着为祖国的社会主义现代化建设贡献自己的技能。

需要特别指出的是，在进行高职院校德育目标系统构建、选择高职院校德育目标时，需要把道德选择力贯穿于高职院校德育目标体系中。

伴随着急剧的社会变革，人们在关系日趋复杂的社会生活中必然会频繁地重新组合，形成新的社会群体。进入 21 世纪，这种社会群体构成之多变与类别之细化现象更为明显。由于每个社会群体都有其特有的文化和特有的价值取向，因而难免会产生范围渐广、层次渐多的价值差异乃至价值冲突。因此，多元的价值共存将逐渐成为几乎所有社会领域存在的一种普遍现象，人们将不得不经常面对一些多发的、难以预期的价值冲突，对冲突中的各种价值取向做出自己的选择。另外，伴随着大众传媒的快速发展，我国出现了真正意义上的信息化浪潮，信息化的一个游戏规则就是不容许任何一个信息长时间占据信息空间。价值取向传播的途径源头日益增多，而价值取向传播的分歧也会增多。这样对前面所说的价值多元共存的现象便起到了推波助澜的作用。所有这些都要求社会真正赋予个人以选择的权利。显然，面对这样一种形势，高职院校德育培养学生道德顺从能力的目标应该转变为培养学生的道德选择力。

当说到道德选择力，笔者认为其有四个含义：一是指对道德价值取向和道德伦理规范的选择力，而不仅仅是对信息的选择力；二是选择的过程具有连续性、终身性，而不是仅在学校学习期间进行选择；三是选择的内容不仅仅是对现有道德规范和取向的适应，其中还应当包括对道德取向和规范的创新；四是选择的结果并不是为了取消原有的德育目标，而是为了更好地实现合理的德育目标，因为选择的过程就是一种主体参与、主体适应、主体创造的过程，而心理学研究证明，唯有在自主参与、自主选择的基础上，才能形成真正牢固的道德品质。标举道德选择力的实质就是要弘扬主体性道德精神，道德选择力的培养应当贯穿整个高职院校德育过程。如前所述，构建高职院校德育目标体系分为四个层次：基础目标、主导目标、核心目标及最高目标。每一个层次的目标都有其适应群体。高职院校应该根据现实情况进行选择，选择自己的最近道德发展目标。但选择过程并没有就此结束，在实现了已经选择的最近发展目标之后，选择过程又重新开始，在重新审视、衡量和评价自己之后，再次选择最近发展目标。如此循环往复，道德水平便会不断提高。因此，道德选择力可以说是整个目标体系的连轴，同时也是高职院校德育在目标上区别于其他层次教育的关键所在。

第五章 高职院校德育课程实践教学内容、课程、评价体系的构建研究

第一节 高职院校德育内容体系的构建

一、构建高职院校德育内容体系的意义

德育内容就是德育活动所要传授的道德价值与道德规范，而这些价值与规范的选择及安排直接服务于德育目的、目标的达成。德育目标有一个层次化、系列化的过程，德育内容的安排也有层次化、系列化的过程。之所以要依据德育目标及其序列化实现德育内容的序列化，主要是因为学生道德发展的阶段性规律和德育内容本身所具有的层次性。根据这一规律，德育应该是循序渐进的，应根据不同时代、不同经济发展水平、不同年龄阶段与时俱进。随着我国改革开放和市场经济的进一步深入发展，中央有关部门先后制定了一系列重要文件，为加强和改进学校德育工作、整体构建学校德育体系及德育内容体系在政策上提供了重要的指导。构建高职院校德育内容体系是德育实践具有成效的关键。长期以来，由于认识上的偏差、高职院校办学历史不长等方面因素的影响，与高职院校德育系统的其他方面一样，科学有效的高职院校德育内容体系还没有建立起来，特别是在德育实践过程中存在一些亟待解决的问题，直接影响了高职院校德育工作的效果。

应依据系统科学的理论，把德育内容的要素结构和层次结构划分出来，按照整体性、有序性、动态性的原则，把它们有机组合起来，依据不同年龄阶段学生的身心特点和知识水平，由浅入深，由低到高，由感性到理性，由具体到抽象，分层递进，螺旋上升，实现整体的系统性和完整性。然而，我国的德育内容不断变幻，处在较不稳定的动态之中。追求德育近期效果的短

视行为必然会使学校德育工作出现走过场的倾向，收不到实效。另外，德育内容的不同阶段表现为有机的联结。按照这样的思路，就要对不同阶段的德育进行全面的规划，各阶段的德育既要有适合青少年成长规律的相对独立的内容，又要考虑到同其他阶段的相互衔接。这里需要强调的是，不同德育阶段的衔接，不仅是指有一以贯之的教育内容，而且其内涵和基本要求不是低水平的重复，应是一个不断深化和升华的过程。人的道德水准的提高是一个从知识到信念不断内化提升的过程，而我们的德育总是从知识的角度去灌输、去记忆，且不分层次，缺少道德实践和内心升华，致使德育收效甚微。

在新形势下，改变高职院校德育的现状、构建完整的高职院校德育内容体系具有重要的现实意义。

（一）有利于全面提高高职院校学生的思想道德素质

作为素质教育重要组成部分的德育，应当全面提高高职院校学生的思想道德素质。根据高职人才培养的总体目标，人才培养的规格，不同年龄阶段高职院校学生的身心特点、知识水平、思想实际情况，以及社会发展形势的要求，确定德育类型重点和不同条目、层次的教育内容，因材施教、因势利导，达到德育效果，有利于全面提高学生的思想道德素质。

德育是一项系统工程，德育目标是通过德育内容的实施来实现的。过去高职德育内容老化，一些内容不能适应时代发展的要求，缺乏反映时代要求的新内容；高职德育内容系统不够稳定，虽然德育大纲基本内容是稳定的，但在实施中常常被思想政治教育取代，跟着形势走，跟着运动走。在新的形势下，高职院校德育内容体系的建立，为实现高职德育的目标、培养学生的思想政治素质提供了一个相对稳定的知识体系。

（二）有利于全面推进素质教育，落实"以德治国"的思想

在现代社会，强调以德治国与以德育人，既是适应社会主义市场经济发展的迫切要求，也是个人健康成长、国家繁荣稳定的客观需要。高职院校作为国家未来人才的摇篮，无疑发挥着至关重要的作用。加强高职德育工作，构建适应社会主义市场经济要求的德育内容体系，能有效防止市场经济带来

的负面影响，真正落实"以德治国"的思想。

素质教育的基本内涵，就是全面贯彻党的教育方针，以提高国民素质为根本宗旨。素质教育要求全面提高高职院校学生的素质，包括思想道德素质、科学文化素质、身体心理素质、审美艺术素质和劳动技术素质等。其中，思想道德素质是最重要的素质，是素质教育的灵魂。我国的教育要培养"四有"新人。"四有"中，有"三有"（有理想、有道德、有纪律）统属德育的范畴，是对思想道德素质的具体阐释。因此，"四有"的归结点是思想道德素质和科学文化素质的和谐统一。德育目标从属于教育目的或目标，德育内容直接受制于德育目标，又反过来服务于目标的实现。

实施素质教育，培养学生的创造力和创新精神是其中的一个重点。而人的创造能力的形成，是人的思想道德素质和科学文化素质辩证统一的结果。在教育工作中，德育到位是实现这种和谐统一的根基，也是培养创新能力的关键点。人的良好的品德和个性对其创造能力的形成与发展具有决定性的作用。"应试教育"重所谓的"智育"，这种智育偏重于知识的记忆和储存，忽视能力和德行培养，使大脑的一部分机能超负荷发展，而其他许多机能则受到了抑制。这种片面教育不利于主体全面发展及综合素质的提高，自然阻碍了创造思维和创新能力的形成和发展。可以说，德育是素质教育的灵魂，在素质教育中发挥着导向、动力和保证作用，德育到位是实施素质教育的重要标志。素质教育的实施为加强和改进学校德育工作提供了新的机遇，同时也对学校德育工作的整体水平提出了更高的要求，德育内容体系的构建就是加强学校德育建设中的一个基础性环节。因此，科学合理地构建高职德育内容体系，有利于全面推进高职院校的素质教育。

（三）有利于高职院校德育工作的科学化和系统化建设

学校德育工作的科学化、系统化是其自身发展的一个重要趋势。近年来，在广大德育工作者的共同努力下，学校德育科学化研究取得了一定的进展，但总的来说，德育的构建作为一个复杂的系统工程，需要一个在理论研究与实践探索中逐步完善的长期过程，这其中的一个重要方面就是德育内容体系的构建。长期以来，我们的德育还没有像智育那样形成一套科学化、系统化、规范化的内容传授体系。在社会主义现代化建设新的历史时期，由于形势发展的需要，我们不断提出或强调一些新的德育内容和要求，如"两史一情教育""中华民族传统美德教育""爱国主义教育""国防教育""环境教育""人口教育"等。长期以来，德育内容没有完全纳入高职院校的课程体系。虽然各类学校都有德育门类的课程，但是这些课程并不能涵盖德育内容的全部，不是完整意义上的德育课。尽管我们可以把课程之外的其他德育内容放在高职院校的党团队工作、辅导员工作、课外活动、社会实践等德育实施途径中来实施，但是这些毕竟不像课程那样有科学的教学大纲和教材、固定的教室和课时、专门的教师、一套检查评价的手段，容易在时间、空间、人力、物力上失去保证，而成为"软"任务，最终流于形式或落空。另外，学校的德育内容不同程度地存在着不符合学生身心特点和认知水平的实际及社会生活实际的现象，高职德育如果脱离社会生活和高职院校学生身心的实际，不能很好地遵循高职院校思想品德形成和发展的规律，就不能很好地回答高职院校所关心的实际问题，其实效性就会较差。因此，从科学性和系统论的角度看，整体构建高职院校德育内容体系，有利于高职院校德育工作的科学化和系统化建设，进而整体推动高职院校德育工作的改进和发展。

二、高职院校德育内容体系概述

德育内容体系的构建是我国高职教育目标实现的关键。目前，在高职德育实践过程中，德育内容选择上的随意性和杂乱无序的现象仍然存在。构建科学合理的高职德育内容体系，使之能够符合高职德育目标的要求，从而最大限度地发挥德育工作的效果，对学生进行切实有效的教育，具有重要的现实意义和长远意义。

（一）德育内容体系的涵义

德育内容体系是指按照德育目标要求确立的，用于教育受教育者的一定的道德规范和政治、思想观点及其思想体系。它是高职院校开展德育工作的凭借，是实现德育目标的重要保证，因而也是德育理论研究中的一个重要课题。近年来，一些教育学、德育学、思想政治教育学及伦理学等方面的著作，对德育内容的含义、确立德育内容的依据，特别是我国现阶段学校德育的基本内容及其衔接、编排等问题，从不同角度、不同方面进行了比较深入的研究，并形成了一定的共识。

对于德育内容的含义，多数学者认为是指在学校开展德育时，用什么样的政治思想、道德准则及其思想体系去教育培养学生。华东师范大学余光同志认为：德育内容指的是用什么样的道德规范、政治思想和世界观去教育、培养青年一代的问题，它是一定社会中德育目标的体现和具体化，只有通过与德育目标相适应的德育内容的教育，目标才能落到实处并得以实现。南京师范大学班华教授也认为：德育内容是指用什么样的社会政治观、世界观，以及用什么样的道德准则去培养青年一代的问题。教育目的为培养人确定了正确的方向，德育任务指明了对教育对象思想品德方面的要求，但要保证教育目的和教育任务的实现，有赖于教育内容的选择。因此，德育内容问题关系到未来一代的思想政治面貌和道德面貌问题。

关于德育内容的性质，大部分学者认为，在不同的社会历史条件下，德育的性质、指导思想和目标要求是不同的，因而德育内容也是不同的，它具有阶级性、历史性和继承性。学校德育作为德育的重要部分，其内容当然也不例外。德育内容具有历史性，不同的历史发展阶段对德育内容有不同的要求。

在阶级社会里，德育内容具有阶级性。不同阶级总是按照本阶级的利益、愿望、要求和意志，用本阶级的思想政治准则和道德规范去培养教育青年一代，使之成为符合本阶级利益和意志要求的思想道德行为主体，维护本阶级的利益关系并使之延续发展。

德育内容具有民族性，历史上和现实中的不同民族，其德育内容也不尽相同。同时，不同社会和阶级之间又有一些共同的社会意识及其体现的社会规范存在，如不盗窃、尊老爱幼、讲究公共卫生等社会公德为不同社会和阶级的人所共同遵守。因而，德育内容还具有一定的社会共同性和历史继承性。

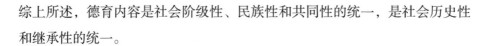

综上所述，德育内容是社会阶级性、民族性和共同性的统一，是社会历史性和继承性的统一。

（二）德育内容结构体系的分类

合理的德育内容结构体系应该包括哪些内容？近些年德育界进行了广泛而深入的研究，同时也存在着各种意见和争论，从内容的编排上来看，主要有以下几种。

一是从编排上直接列举几项内容。例如将德育内容分为：①爱国主义教育；②革命理想和革命传统教育；③集体主义教育；④劳动教育；⑤民主、纪律和法治教育；⑥人道主义和社会公德教育；⑦正确人生观和科学世界观教育。

二是把德育内容归纳为几个方面，每个方面又包含若干内容。例如，上海师范大学郁中秀同志将德育内容分为三个方面：①共产主义道德教育；②无产阶级政治教育；③科学世界观教育。其中，共产主义道德教育的主要内容又包括爱国主义教育、国际主义教育、集体主义教育、自觉劳动教育、社会公德教育五个方面。

三是按照系统性教育和日常教育分为：①四项基本原则教育；②社会主义和共产主义思想教育；③日常性的教育。

四是从德育内容涉及的对象领域来划分，分为三个层次：①关于学生个体的德育内容，包括培养和发展个体良好的政治、思想、道德素质和心理素质等；②关于个体和他人的德育内容，包括良好行为习惯的养成、社会公德的观念和行为等；③关于个体和国家的德育内容，包括爱国主义教育、理想教育、革命传统教育等。

五是按照德育的目标要求，将德育内容分为：①方向性内容，包括理想信念教育、爱国主义教育和国际主义教育等；②认知性内容，包括世界观及人生观教育、集体主义教育和审美观教育等；③规范性内容，包括道德教育、法治教育、职业规范教育和纪律教育等；④实践性内容，包括国情教育、社会实践教育等。

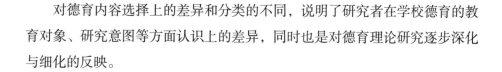

对德育内容选择上的差异和分类的不同，说明了研究者在学校德育的教育对象、研究意图等方面认识上的差异，同时也是对德育理论研究逐步深化与细化的反映。

三、高职院校德育内容体系的基本框架

当前高职德育需要什么样的内容体系，它包括哪些方面？多数学者对此问题有不同的见解。一是"两要素"说，分为政治思想教育和道德教育两个方面；二是"三要素"说，分为政治教育（法治教育）、思想教育（包括世界观、人生观）、道德教育三个方面；三是"五要素"说，分为道德教育、法治教育、心理教育、思想教育、政治教育；四是"六要素"说，即在"五要素"内容的基础上再加上美育。分析几种理论，"三要素"说中的"政治教育"与"法治教育"有很大区别，且缺乏"心理教育"这一非常重要的内容；"六要素"说中的"美育"，实际上是提高教育对象思想道德素质的一种途径与手段，并且在教育方针中已经把美育列为与德育并列的一个内容。因此，结合当前学校德育的目标和实践，笔者认为，当前学校德育内容体系的基本框架以"五要素"说最为明确和完备。

当前，高职院校德育内容体系的基本框架大致如下。

（1）道德教育，主要包括社会公德教育、职业道德教育、家庭美德教育、中国传统道德教育、社会主义人道主义教育、环境道德教育等。

（2）法治教育，主要包括社会主义法治教育、社会主义民主教育等。

（3）心理教育，主要包括青春期教育、心理健康教育、意志品格教育、个人品质教育等。

（4）思想教育，主要包括科学世界观教育、人生观教育、价值观教育、科学认识论教育、方法论教育、反对迷信教育、集体主义思想教育等。

（5）政治教育，主要包括社会主义教育、理想信念教育、政治观点教育、政治立场教育、政治方向教育、爱国主义教育、国防教育、民族团结教育、民族精神教育等。

德育内容中的几个方面的区分只是因为其各自的作用、层次不同，在其

内涵，特别是在实际操作中是不能完全分离的，它们相互渗透、相互影响、相互作用于德育内容体系的有机整体之中。其中，政治教育是德育内容体系中的根本性内容，它决定着德育内容的性质和方向，制约和影响着其他方面的内容；思想教育在整个德育内容中起着导向的作用，为其他内容提供世界观、方法论的基础，对政治教育、道德教育、法治教育、心理教育的实施起着直接的指导和促进作用；心理教育是学校德育的基础性内容，它通过对教育对象良好心理素质的培养，为其他方面的教育提供赖以实施的基础和平台；法治教育是学校德育内容的重要组成部分，它通过把法律、纪律等外部的硬性规范内化为教育对象的内在素质，从而为德育内容的实施、德育目标的实现提供保障；道德教育要受到政治教育、思想教育的制约和影响，但它作为德育内容中最基础的部分，实质上是德育内容的核心，在德育中起着奠基的作用，对于坚定政治教育、思想教育、法治教育的效果具有十分重要的作用。

四、高职院校德育内容体系确立的依据

学校德育内容的确立，与学校德育目标的确立一样，不是由教育者主观任意选择的，而是有其自身科学依据的。只有正确认识德育工作的规律，科学地确立学校德育的内容，才能够完成德育任务，实现培养人的德育目标。

（一）德育目标直接决定着德育内容的性质

德育目标是德育工作的出发点和归宿。德育内容则是依据德育目标的要求加以选择和设计的，是德育目标要求的具体展示，也是德育本质的直接反映。德育内容是为达到预期的德育目标服务的，而德育目标又服从于、服务于教育方针和教育目的，从根本上受社会的政治经济发展状况制约。不同社会的德育目标千差万别，直接制约着该社会德育内容的性质。另外，德育目标与德育内容在教育本质上具有一致性。一方面，它们都是由一定社会发展时期的经济政治所决定的；另一方面，它们又都反过来为该社会发展阶段的政治经济服务。不同的是，目标比较抽象，具有方向性；内容较为具体，具有可行性。从这个意义上讲，德育内容也是不能不受德育目标制约的。如果

离开了德育目标这一主要依据，德育工作及其内容就没有了生命力，也就失去了根基和准绳。因此，德育内容的选择和确立以教育目的、德育目标的要求为依据是理所当然的，是不容置疑的。同时，任何一种社会形态都有一个产生发展的过程，在不同的发展阶段，虽然教育目标的性质不变，但由于生产关系和上层建筑中某些环节的调整，也要求教育目标做相应的改变，或者赋予原有目标新的含义。

当前，我国教育的目标和任务是培养有理想、有道德、有文化、有纪律的社会主义建设者和接班人。这一目标是依据我国社会主义现阶段进行现代化建设的需要提出的，反映了我国整个社会发展的需要，体现了教育的社会主义性质，体现了党和国家的教育方针要求。因此，学校德育内容的设置也必须围绕这一目标来展开。也就是说，无论德育工作的涉及面如何广泛，头绪如何纷繁，方式如何多样，但就其内容确立而言，必须符合这一培养目标的要求，为培养目标的实现服务。从这一目标出发，确立高职院校德育的内容，就应当是以爱国主义、集体主义、社会主义教育为主旋律，开展世界观、人生观、价值观、道德观、政治观的教育。

（二）学生身心发展的特点决定了德育内容的深度和广度

德育内容有其稳定性和一贯性，但人的思想品德的形成、发展、变化有着自己的特殊规律，其政治观念、思想道德的发展在不同年龄阶段表现出不同的特点。

从个体思想品德形成、发展的规律来看，个体从小到大逐渐形成的各种道德品质，不是同时毫无次序形成的，而是遵循一定规律、按照一定次序和水平，由低级到高级，由感性到理性逐渐形成和发展的，是一个波浪式前进和螺旋式上升的过程。而且道德与人的知识经验、思维能力也有着直接的关系，这不仅体现在某种道德品质只有到一定的年龄阶段才有可能形成，而且体现在同一种道德品质在不同年龄的学生中也有不同的内容和标准。因此，由于年龄和身心发展水平的差异，不同教育阶段的受教育者所能接受的德育内容层次的高低、深浅和广度也迥然不同。

从人的心理需要和心理发展水平来看，就一般规律而言，儿童偏重于归属需要和感性认知、形象思维；少年侧重于自尊需要，认知能力处于感性认识向理性认识的过渡阶段，思维能力处于形象思维向抽象思维发展的阶段；青年则倾向于成就需要，认知能力已经发展到理性认知，思维能力已经发展到抽象思维水平。以爱国主义教育来说，儿童强调的是具体、直观、形象、生动，侧重的是启发他们对祖国的山水、人文和国家标志物的喜欢、亲近与眷恋的情感；少年侧重的是感染、共鸣，着重激发他们对祖国地理、历史、发展现状和国际地位的尊重及关注并引以为光荣和骄傲的情感；青年偏重的是理性思考，采用专题报告、社会实践、调查、辩论等形式，激发他们对国家和民族前途、命运的关注，以及积极主动参加国家建设事业的历史使命感与责任感。实践证明，采用"一刀切""齐步走"，采用统一的内容、模式教育人是失败的。

同时，德育内容的任何一项都不是由单一的层面构成的，而是由深浅不同的多个层面构成的。比如爱国主义教育，其内容十分丰富，从历史到现实，从自然风光到物质资源，从物质文明到精神文明，涉及社会生活的方方面面。《新时代爱国主义教育实施纲要》指出了八个方面的教育内容。从指向实体来划分，这八个方面大体可分为三大实体：祖国的自然实体、祖国的人文实体、国家的政治与经济实体。而这三大实体中的每一个实体又可分为不同的层次。就祖国的自然实体而言，第一层次是个体的出生地、居住地，第二层次是祖国广阔的自然环境和国土资源，第三层次是个人与祖国自然实体的关系。再从国家的政治和经济实体来看，可分为国家标志物、国家的政治制度和政治生活、国家的经济制度和人民的经济生活等层次。

以上这些反映到德育内容的设置要求上，一方面是不同身心发展阶段的学生对德育内容的需求和选择不同，另一方面是他们作为教育对象，对同一德育内容的接受能力有着巨大的差异。同一种德育内容在小学、中学和大学的深度和广度是不同的。因此，应根据学生不同的年龄段、不同的理解能力和接受能力，制定不同的德育具体内容。少年时期，应主要培养他们养成良好的生活习惯和学习习惯、礼貌待人的素养，以及爱国家、爱集体、爱劳动、守纪律的良好品质。随着年龄增长，逐步进行社会主义思想教育，提高他们的社会主义民主法治观念。到了一定年龄，还要进行辩证唯物主义和历史唯物主义基本观点的教育，帮助他们树立正确的世界观、人生观和价值观。通过不同阶段的持续努力，使学生在潜移默化中全面提高素质。总的来看，学校德育内容的确立，应当遵循连续性与阶段性统一的原则，既要有一定的稳定性和连续性，也要适应学生身心发展的特点，遵循思想品德形成发展的规律，科学地设置相应的内容。如果不考虑教育对象年龄、身心发展规律等因素，小学、中学、大学"一刀切"，这样的德育内容是不能被学生接受的，也就不能实现德育目标的要求。

（三）形势和学生的思想实际决定德育内容的针对性

由于各个时期的国内外形势不同，党在各个历史时期的中心任务和方针政策也就不同，所以德育内容也应做出相应的调整。也就是说，应该从时代的总体要求和具体形势出发确定德育内容。这是由社会环境的动态性决定的，不同的时代主题构成了不同的国际大形势。在国际大形势下，形成了国内的具体形势，即社会的"大气候"和"小气候"，也会影响和促使学生思想的变化。实践证明，德育工作的生命在于贴近实际、不断创新。贴近实际，就是要贴近世界形势不断发展变化的实际，贴近我国改革开放和现代化建设的实际，贴近师生员工工作、学习、生活和思想状况的实际。不断创新，就是在继承和发扬优良传统的基础上，根据形势的发展变化，不断探索新时期的德育内容、方法与途径，增强德育的时代性与实效性，更好地为实现新时期的德育目标服务。当前，我国社会主义市场经济向人们展示了新生活的灿烂前景，而时代的发展也向人才培养提出了新的思想道德要求。我们的德育要不断地改革、完善，其中也必然包括确立新的合乎时代、社会、人类和未来发展的德育内容。现代生产和科技的发展要求现代人具有新的时效观、空间观、人才观、价值观及相互协作的精神等，这些现代人必须具备的思想品德素质必然要反映到学校的思想品德教育内容中来，使德育内容能够体现时代的特征。同时，改革开放使社会处于急剧的变革之中，建立社会主义市场经济的影响不容忽视，意识形态领域的斗争依然存在。这种形势就决定了学校德育内容应该坚持理想信念教育，坚持正确的世界观、人生观、价值观教育，抵制资产阶级利己主义、享乐主义、拜金主义等思想的侵蚀。另外，要善于抓住时代赋予的有利契机，利用重大事件和活动积极、主动地开展德育工作。德育工作具有很强的时效性。对德育工作者来说，抓住重大节日、纪念日，以及使学生触动深刻、难以忘怀的事件，及时地强化德育效果，往往能够事半功倍，对学生进行适时的爱国主义、集体主义、社会主义的主旋律教育，势必会收到很好的教育效果。

此外，每个人所处的具体情况不同，对待生活、学习、事物等都会有各自不同的具体现实思想，这就要求学校要依据学生的思想实际确立德育的内容。高职院校学生具有走向社会的过渡性、适应社会的继承性、改造社会的开拓性，抽象思维能力和分析能力初步形成，自我意识强烈，思想认识还有很大的可塑性。德育内容的确定，只有从高职院校学生的这一特点出发，才能达到理想的教育效果。另外，学生的思想状况又是动态的，不同的时期，不同的社会环境，学生有着各自不同的思想状况。教育内容只有随着学生的思想实际而定，才能有的放矢，否则教育内容就是不切实际的。对于不同层次、不同思想特点的学生，德育内容既要保持一定的共性部分，也要体现一定的差别，才能显示出针对性，也才能够取得实效。

总之，德育内容的确定，是受社会因素（德育目标）、社会形势和受教育者自身的因素（其身心发展水平、思想实际状况），以及主体思想品德形成发展规律制约的。由于各种因素对德育内容有不同的制约作用，德育内容又可区分为基本的和变动的两个部分。一般来说，由德育目标和学生身心发展的规律与阶段性决定的德育内容，是基本的和相对稳定的，我们应根据教育学、心理学原理制定出德育大纲，把不同时期、不同年龄阶段应有的系统的德育内容，用纲要的形式规定下来，并保持相对的稳定性，这是德育工作科学化、规范化、制度化，不断提高德育质量的重要条件。根据形势和学生的思想实际状况确定的德育内容，是有针对性和不断变动的，随着时间的推移和学生思想的变化，其着重点也在不断变化。只有把客观要求同主观需要

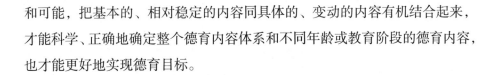

和可能，把基本的、相对稳定的内容同具体的、变动的内容有机结合起来，才能科学、正确地确定整个德育内容体系和不同年龄或教育阶段的德育内容，也才能更好地实现德育目标。

五、高职院校德育内容体系构建的原则

德育内容体系的整体构建即德育内容的选择、确立和设计。唯物辩证法的系统论原则就是把德育内容的要素结构和层次结构划分出来，以要素为纬，以各项要素的不同层次为经，依据德育目标、学生身心发展的阶段性和思想品德发展规律、形势的要求和学生的思想实际情况，遵循一定的原则，把它们有机地组合起来，由浅入深，由低到高，由近及远，由具体到抽象，由感性到理性，螺旋式上升，构建高职院校每个年级的德育内容，形成科学化、系统化、规范化及相对稳定的德育内容体系。

（一）科学性与主体性相结合的原则

科学性，即客观规律性，是指德育内容体系的构建应符合教育目的、德育目标和任务的要求，符合一定社会政治经济及其思想体系的要求，符合学科本身逻辑结构体系的要求，同时还必须建立在科学的世界观和认识论的基础上，符合人类进步、科学文明和道德文明的要求。主体性是指确定德育内容必须充分考虑个体自身发展的需要，考虑学生在学习、认识发展过程中所具有的独立性、自觉性、能动性和创造性。科学性、客观性是确立德育内容的首要原则和出发点，背离了这一原则，脱离社会发展的客观规律和要求，德育内容就失去了现实意义和生命力。同样，忽视教育对象的主体性，就会使德育处于一种被动、消极、片面的状态，而且结果往往是事倍功半。因此，德育内容体系应该是科学性与主体性的有机统一，既要遵循德育的客观规律，把工作建立在科学性的基础之上，又要尊重学生的主体需求，充分考虑和调动教育对象的主体性，保证德育体系良性、有效地双向运转，充分发挥出德育在培养学生的创新精神和创造能力中的功能。

（二）整体性与层次性相结合的原则

整体性是指德育内容体系是一个包括多层次、多方面的思想准则与行为规范的有机结合的整体，它有着整体功能的优势，其中各个方面又都是密切相关、相互作用、相互制约的，共同构成了一个开放的，适应社会多方面、多层次需要的思想道德结构系统。层次性是指根据不同教育阶段学生的年龄特征和思想品德水平而确定不同层次的内容与要求。不同教育阶段的教育对象的思想认识水平是分层次的，即使是同一教育阶段的教育对象的思想觉悟和认识也是有层次的。同时，学生的思想认识也是一个循序渐进的、从低层次向高层次运动的过程。这种整体性与层次性既是矛盾的，又是统一的。构建德育内容体系必须把整体性与层次性原则结合起来。一方面，考虑各个阶段教育内容的衔接和德育内容系统自身的完整性；另一方面，这个系统内部又是区分不同层次的。既有人人都必须而且可能遵守的较低层次的内容和要求，也有超前的、理想的、高层次的内容和要求，以适应不同教育对象群体的要求。

（三）现实性与超前性相结合的原则

现实性是指根据社会现实的需要和可能制定的教育内容，超前性是指从现实出发但又高于现实的内容。德育内容体系的构建应该是现实性原则与超前性原则的统一。确定德育内容如果不立足于社会和学校的现实情况，就会流于空泛的"说教"，在教育学生中往往缺乏针对性和实效性。同样，德育内容体系中如果缺乏一定的超前性内容，仅仅就事论事，也不能有效发挥德育工作的导向功能，从根本上说是不符合社会主义社会学校德育要求的。因此，德育内容的确定，一方面要加强对社会现实情况和问题的研究，增强理论教育的真实感；另一方面要结合社会发展的趋势，充分反映社会未来发展的要求，使学生真正认清社会发展的方向，坚定理想信念。在我国现阶段建立社会主义市场经济的条件下，我们的德育内容既要有适应初级阶段市场经济、按劳分配等现实需要的基本的德育要求，也不能放弃德育的根本目标，积极进行高层次的社会主义、共产主义思想的教育。可以说，德育内容体系

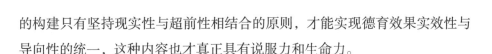

的构建只有坚持现实性与超前性相结合的原则，才能实现德育效果实效性与导向性的统一，这种内容也才真正具有说服力和生命力。

（四）时代性与继承性相结合的原则

时代性是指德育内容要反映社会的时代特点和精神风貌，继承性是指德育内容要吸收和借鉴过去学校德育内容体系的优秀内容，批判地继承历史上优秀传统道德的内容。青少年是对时代的发展变化最为敏感的群体，学校德育如果缺乏时代性的内容，不能根据时代发展的要求及时地更新和充实新的内容，就很难被学生接受。学校德育坚持继承性的原则是其自身不断改进和发展的必然要求，如果不继承以往学校德育中的优秀内容，新的内容体系的构建就是无源之水、无本之木，是不可能真正建立起来的。因此，当前构建德育内容体系必须坚持时代性与继承性相统一的原则，紧紧扣住时代发展的脉搏，增加反映时代发展的内容，增强理论的时代感，同时也要大胆吸收和借鉴古今中外德育理论与实践中创造的优秀成果，真正实现用全人类最优秀的文化成果教育年轻一代，使学校德育的内容不断丰富和完善起来。

（五）稳定性与灵活性相结合的原则

稳定性是指根据教育方针、德育目标和学生的年龄特征确定内容，灵活性是指根据社会形势和学生思想发展变化的实际，灵活地确定某些内容。一方面，人的素质，包括思想政治素质的形成需要一个相对稳定的知识体系，没有稳定的内容，就难以对德育进行科学的计划和安排，会出现盲目性和主观随意性。过去很长一段时间，学校德育围绕形势、热点转，稳定性差，使德育工作者和受教育的学生都感到无所适从，直接影响了德育的效果。这是一个教训。另一方面，学校德育也必须结合社会发展和学生思想的变化，紧跟社会热点和学生的思想热点，及时、有针对性地开展教育。因此，学校德育内容体系的构建把稳定性、灵活性的要求结合起来，是一个问题的两个方面。从长远看，德育内容体系是一个随着时代变迁的动态结构系统，既具有稳定的内部结构和内容体系，又具有适应外部环境的调节系统，可以把实现德育的基本目标与及时解决学生的思想问题结合起来，实现德育系统功能的优化。

六、高职院校德育内容的分项阐释

根据德育内容体系整体构建的依据和原则，高等学校德育内容应当是中学德育内容的深化和延伸，要想针对高职院校思想品德特点来安排，应具有相对稳定的内容体系，使德育成为高职院校教育内容的有机组成部分。笔者认为，高职院校德育内容体系应包含道德教育、法治教育、心理教育、思想教育和政治教育五方面的内容。

（一）道德教育

道德教育的含义：道德教育是指对学生进行社会主义道德原则和道德规范的教育，进行个人品德、家庭美德、社会公德、环境道德教育，培养他们具有正确的道德认识、高尚的道德情感、坚强的道德意志和良好的道德行为习惯。道德教育是决定人品和塑造时代精神的关键性教育，它不仅涉及个人与他人的关系，而且涉及个人与社会、个人与国家、个人与自然环境的关系。

高职院校道德教育的内容如下。

一是加强社会主义道德规范及其内涵的教育。任何社会和社会生活的任何领域要正常地运行发展，都需要有道德。道德是用来调整个人与个人，以及个人与社会关系的行为规范的总和，是依靠社会舆论、道德评价、传统习惯、内心信念等说服教育、感化、熏陶的方法，靠人们自觉的行为习惯维护。道德是在一定的经济基础上产生的一种特殊的社会意识形态，具有鲜明的阶级性。道德的社会功能是维护社会生活秩序、教育和培养一代代新人、为巩固社会经济基础服务。社会主义道德是以马克思主义世界观为指导、以社会主义新型社会关系为依据的新型道德，是社会主义经济基础的反映。《关于加强和改进思想政治工作的若干意见》中强调，我们要深入扎实地开展以为人民服务为核心、以集体主义为原则的社会主义道德建设，引导广大群众遵守道德规范，提高道德素质。因此，针对多元化的现实，我们要抓紧社会主义道德规范及其内涵的教育，使新一代高职生能够在社会生活中自觉地用社会主义道德规范来指导和约束自己的行为。同时，加强对高职生的社会主义道德规范教育，是社会主义精神文明建设的重要内容之一。

二是进行劳动与职业道德规范及其内涵的教育。随着我国社会主义市场经济体制的建立和劳动人事制度的改革，国家除了对师范学科和某些艰苦行业、边远地区的高职院校毕业生实行在一定范围内的定向就业外，对绝大部分毕业生实行在国家方针政策指导下，通过人才劳务市场，采取"双向选择，自主择业"的就业办法。而且，当今时代科学技术发展迅速，社会变化巨大，社会职业种类层次、个体角色不断变动，高职生毕业后能否从事某一方面的工作，胜任岗位工作的要求，发挥应有的作用，既要看他的专业知识和技能，又要看他对待工作的态度和工作责任心。社会反馈意见认为，部分高职生头脑敏捷，对新事物接受快，但对工作的责任感有待加强，需安心于本职工作，要具备吃苦耐劳的精神。在这种情况下，我们应加强对高职生的劳动观念和就业观念的指导与引导，培养他们具有正确的劳动观念、应变和抗挫折的意识与能力，培养他们具有服务本位、勤业、敬业的精神，培养他们具有立足中华大地、服务祖国建设的爱国主义情操。

三是进行保护环境的道德规范教育。环境道德是指人们为了维护人类生存和可持续发展所必须正确处理的人与环境关系的行为准则和规范，是全人类的社会公德。环境道德水平高低，直接关系到人类能否可持续发展，乃至关系到人类的存亡。环境道德超越制度、国家、民族、宗教、信仰之不同，以及时间、地域之差异，所有人都必须恪守。但是，过去长时期重视调节和规范人与人、人与社会关系的道德教育，而忽视了调节、规范人与自然关系的环境道德教育。

通过环境道德教育，学生可以了解、认识环境，掌握一定的环境知识，产生热爱环境的情感，学会保护环境的技能，恪守保护环境的规范、准则，使人类共同生存发展。换句话说，就是对学生进行环境道德知识、环境道德情感、环境道德行为教育，培养学生的环境道德意识。

环境问题比较复杂，涉及很多方面。环境道德教育的内容也很多，它既包括人类生存的自然环境领域，又包括社会意识形态领域和环境道德修养。环境道德是人类的公德，是人类根本的长远利益所在。任何国家的、民族的、团体的、个人的局部利益和眼前利益，都必须服从人类最高公德。环境道德教育的内容，正体现了人类最伟大的人道主义思想。要着眼未来，从战略的高度来加强对高职生的环境道德规范教育，使他们认识到保护环境的重要意义，知道应该怎样去做。

四是与人交往的道德规范。现代社会，在多元化和网络化的时代背景下，人们的自由度越来越高，而道德品格体现的是自律性原则，要求我们结合中华民族优良道德传统与社会主义道德教育，使受教育者具有较高的自我控制能力和高度的责任感，有关心他人、遵守各种社会规范的精神。要学会知人、做人，懂得与他人交往时应遵循的原则和规范。联合国教科文组织在 20 世纪 80 年代举行的一次会议上，把"学会关心"作为 21 世纪的育人目标。学会了解他人、关心他人、尊重他人，善于与他人相处，这是未来社会对人的基本要求，也是做人的基本修养，更是高职生适应社会生活与人际关系、增强应变能力所必需的。未来的人才观要求人才具有做人的素质。做人就要理解人，而理解人就要转换角色思考问题、拓展生存体验。只有提高了知人、做人的修养水平，才能做到随时随地站在别人的立场考虑问题，才能包容和尊重异见，善于与他人相处。

五是中华传统美德的继承和发扬。中华民族源远流长、博大精深的道德传统是极为丰富的思想宝库，其精华绵延数千年而长青，成为中华民族凝聚力之所在。例如：儒家"己所不欲，勿施于人"的待人原则，尊老爱幼、家庭和谐的生活理想，踏实做人、积极的处世哲学，还有"学而不厌，诲人不倦"、有教无类、因材施教的教育思想；佛家济世救贫、善待世人、做恶事的处世原则；道家超脱物质羁绊、求得心灵的真正自由的境界。我们要继承和发扬这些宝贵的精神财富，坚持去伪存真、古为今用、融会中西、发展创新的原则，对高职生进行中华传统美德教育。

六是礼仪规范。礼仪规范是指人们在与他人交往和交际的各种行为环境中应遵从的，包括程序、方式、容貌、服饰、风度等的要求。人类社会礼仪规范的形成和完善，是人类社会发展进步的标志，人们自觉遵从、内化社会礼仪规范，是人类文明程度提高的表现。一个人的言行举止合乎一定的礼仪规范，不但能体现出其较高的修养和品质，而且能给他人以愉悦和美感。我国素以"礼仪之邦"著称，具有丰富的礼仪规范，我们要继承和发扬这一悠久的历史传统。随着现代生活节奏的加快，人们交往范围扩大，国际交往频繁，我们更应注重对高职生进行礼仪规范的教育。

总之，要全面加强社会主义道德教育，就要加强对高职生的文明礼貌、助人为乐、保护环境、热爱祖国的社会公德教育，加强爱岗敬业、诚实守信、服务他人、奉献社会的职业道德教育，加强尊老爱幼、男女平等、勤俭持家、邻里团结的家庭美德教育。

（二）法纪教育和心理健康教育

法纪教育是指对学生进行社会主义法治和纪律教育，培养他们具有法律观念和遵纪守法的品质，知法、懂法、守法，并且学会用法律武器保护自己的合法权益。

高职生是 21 世纪的一代，他们的法纪观念和公民意识如何，直接关系到我国社会的发展和进步。人的观念与意识的形成、发展和巩固要靠教育的内化。加强对高职生的民主、法治和纪律教育，是高职德育的重要内容，也是实现我国高职院校培养目标的客观要求。

调查表明，当今高职生法治观念有所提高，但仍不够强。高职生认识到了法治的重要性，认识到了在市场经济条件下法律在治国和生活中的地位与作用。主观上他们期望法治，关心国家制定什么法律，他们中的绝大多数认为应制定更多的法律法规来解决社会问题。但同时，他们又对法律法规知晓度较低。高职院校发生违法犯罪现象，其原因在一定程度上是对法律的认识程度低，"不懂法""不清楚相应的法律""不知是犯罪"所占比重较大。高职生在用法律进行价值判断时，容易做出正确的选择，但在具体生活中，部分人却无法始终按法规的要求做出正确的行为选择。

我们要培养和教育高职生增强自身的法治观念与公民意识，使之知法、守法、护法。要通过普及法律常识，加强法治宣传教育，增强学生的民主法治观念，使学生懂得公民的权利和义务，懂得与自己工作和生活有关的法律，依法办事，依法律己，依法维护自身的合法权益，善于运用法律武器同违法犯罪行为做斗争。为此，要重点加强以下几方面的教育：①马克思主义法律观；②社会主义民主与集中；③法律基础知识及守法、用法、护法；④纪律与规章制度教育。为了加强教育效果，要坚持理论联系实际，校内校外相结合，注重引导学生把所学的知识运用于实践，服务于他人，如组织模拟法庭、开展法律知识竞赛和法律咨询活动等。还可以与校外的教育活动相结合，如组织学生旁听法庭审判会、参观监狱和劳教所、开展有关法治的社会调查等。另外，还要与严格的法纪管理结合起来，创造良好的法纪教育环境。

心理健康教育是指对学生进行有关心理健康方面的知识性教育、咨询性教育和良好行为训练。其目的在于培养学生良好的心理素质，提高他们的身心健康水平，促使他们全面而和谐地发展。

当代高职生处于一个变化迅速、竞争激烈的时代，随着改革开放的深入，物质文明水平迅速提高，社会中人际关系日益复杂，生活节奏更紧张，影响人们心理健康的因素越来越多。高职生处于一个竞争非常激烈的环境中，而对于年龄在 17 至 23 岁的高职生来说，其心理发展正处于从幼稚走向成熟的过渡时期，情绪不稳定，易产生心理矛盾，面临着许多心理冲突和心理压力。刚入学的高职生，一般仍有依赖性、理想化和盲目自信的心理特征，特别是当代高职生，为了在激烈的高考竞争中取胜，几乎是全身心地投入准备。当代独生子女日渐增加，家长过度的保护、学校过重的教育、生活经历的贫乏使一些高职生心理脆弱，承受挫折的能力差。一旦遇到理想与现实的矛盾，就会引起自豪感和自卑感、新鲜感与恋旧感、轻松感与被动感交织的复杂心理状态。二、三年级的学生自我独立和自我表现倾向突出，世界观虽趋向稳定，但却往往为个人前途、恋爱等复杂问题所困扰，处理不当则会导致心理矛盾的激化，因此该时期是心理健康发展的关键时期。高年级的学生一般都比较成熟，个性得到发展，有着走向社会前的复杂心理活动，存在紧迫感、责任感和忧虑感。个别学生由于难以适应环境而出现迷茫、焦虑、不安等各种各样的心理问题，心理疾病的发生率也有所提高。大量的研究与统计表明，高职生中有一部分学生心理上存在一系列的不良反应和适应障碍，使他们无法全身心地投入学习、生活，甚至无法继续坚持学业。这说明高职生的心理卫生是一个较为严重的问题，显然影响了一部分学生的智能素质、人格成长和身体健康。社会主义市场经济对人才素质的要求是全方位的，不仅要求人才具有坚定的政治方向与较高的道德水准，而且要求人才应该具有与时代发展相一致的良好心理素质。人的所有精神活动都是以心理活动为基础的，政治教育、思想教育、道德教育、纪律教育等也必须遵循学生心理发展的规律和特点。

心理健康教育的内容十分丰富，其根本出发点在于优化学生的心理素质，培养学生文明健康的生活方式，促使其德智体全面发展。大体上应包括以下几个方面：①身心健康的基本知识；②预防心理疾病教育，如心理卫生知识教育、心理疾病防治教育等；③心理调适能力培养与训练，如开展挫折教育等；④创新精神和竞争观念的培养。

在心理健康教育中，对高职生要着重进行创新精神和竞争观念的培养。这是现代人应具备的又一重要品德。当今世界政治风云变幻，国际竞争日趋激烈，科学技术发展迅速。世界范围的经济竞争、综合国力竞争，实质上是科学技术的竞争和民族素质的竞争。由此来看，谁掌握了面向 21 世纪的教育，谁就能在 21 世纪的国际竞争中处于战略主动地位。因此，中国能否赢得 21 世纪的挑战，从根本上说，取决于我们能否培养出一代又一代高素质的人才。

但是，我国教育对学生创新精神和创造能力的培养在较长的一段时间内都是一个薄弱环节，主要表现为重教有余、重学不足，灌输有余、启发不足，复制有余、创新不足，形成了所谓的"维持性学习"的教育模式。这严重影响了学生的思维活力，压抑了学生的创新精神。在今天这个迈向知识经济的时代，其不良后果表现得日益明显。在这种教育模式下，部分教学观念落后，不利于学生学习能动性的发挥；教学方法大多为注入式、满堂灌，注重对已有知识的传授，或多或少地忽视了对新知识的探求，影响探索和创新精神的培养；教学模式单一，不利于学生个性的发展和拔尖人才脱颖而出；对学生的评价主要以课程考试分数定优劣，束缚了学生的创新意识和创造能力。因此，适应知识经济发展的高职教育，要把培养创造精神和创新能力摆到突出位置。对于培养学生的创造力和创新观念，毛泽东曾提出"个性的解放和个性的发展"，教育家陶行知提出了著名的"解放眼睛、解放头脑、解放双手、解放嘴、解放空间、解放时间"六大解放。这些思想对我们有很大的启示意义。

当今我国正在建立社会主义市场经济体制，市场经济的基本要求是自由竞争、优胜劣汰、务实求新。随着社会主义市场经济的推进，这些与市场经济相适应的观念和意识日渐深入人心。人们明白，不懂竞争、不敢竞争，就会落后，而落后就要挨打；勇敢地参与竞争，善于竞争，才能国强民富。但是，事物总是有它的两面性，市场经济对人们思想观念的冲击具有双重效应，如一些人为竞争而损人利己、不择手段。对于这种不正当竞争，我们一方面要通过立法、执法，以法律的手段来反对；另一方面还要通过弘扬社会主义道德来约束不正当竞争行为。因此，培养青年一代具有健康的、正确的竞争观念和意识是十分必要的，也是可行的。在高职院校中，对学生在学习生活中各方面的正常、正当竞争，要给予鼓励和支持，但要坚决反对和禁止采取不正当手段的竞争。培养高职生健康、正确的竞争意识与观念，要以树立崇高的理想为前提，以培养高职生诚实的品格为基础，以塑造高职生良好的心理素质为关键。

（三）思想教育

思想教育是指对学生进行辩证唯物主义和历史唯物主义的世界观与方法论教育、为人民服务的人生观教育、集体主义的价值观教育、"五爱教育"，培养学生具有正确的思想观点。

笔者认为，高职生的思想教育内容应当包括价值观教育、集体主义与团队精神教育，以及学风校风教育。

（1）价值观教育。价值观是指与社会主义制度相适应，以为人民服务为核心，以集体主义为原则，正确处理国家、集体、个人之间的关系的价值标准和价值导向。要教育和帮助学生提高明辨是非善恶的能力，培养高职生自力更生、艰苦奋斗的精神和坚强的意志品质，坚决反对拜金主义、享乐主义和极端个人主义。价值观包括：①人生理想目标的确立及追求；②人生态度；③人生价值取向；④树立正确的恋爱观。

（2）集体主义与团队精神教育。集体主义是爱国主义和社会主义教育的基础，我们要大力倡导集体主义和对国家、对人民的奉献精神。在全国人民中倡导为人民服务和集体主义精神，是社会主义道德建设的指导原则。我国的革命、建设的巨大成就和几代人的成长，已经证明这个指导原则是正确的。这是无可争议的，但有人对此提出了质疑。有的人认为，集体主义是计划经济体制下的产物，已经不适应新的时代要求了，现在道德建设也要转轨、重构。还有人认为，市场经济就是要启动为个人利益而奋斗的能动作用，因而不能再用集体主义来进行道德教育，而应将个人主义、合理利己主义来作为价值导向。对此，我们需要正确理解集体主义，正确理解改革，正确理解时代。集体主义的基本内容是兼顾集体利益和个人利益、全局利益和局部利益、长远利益和暂时利益。一般来说，在二者发生矛盾时，后者服从前者。集体主义与个人的发展并不矛盾，个人的发展需要有维持正常生活和工作的物质文化条件，这些正当的利益要求是在满足集体利益的共同活动中实现的，没有这个前提，个人的全面发展是不可能的。所以，每个人在关心个人利益的同时，不仅要对自己的私人生活方式和行为方式负责，而且要对大多数人和集体的利益负责，归根到底是要对社会的命运负责，考虑行为的社会效益。

马克思主义深刻地论述了个人自由和人的解放问题，认为只有在社会、集体中，个人才能获得全面发展其才能的手段，只有在集体中才能有个人自由。集体主义是同个人主义对立的，但不是同个人利益对立的。集体主义并不是对个人利益、个性的否定，它强调维护全体人民的利益，并且认为广大人民只有靠集体奋斗才能实现自身的正当利益。国家和人民利益的一致性、至上性，不仅是人的思想觉悟的核心，也是集体主义能团结群众、发挥强大威力的根据。集体主义原则在市场经济条件下也是有重要作用的，因为现代市场经济是注重理性的经济，对它的自发性及自发的价值观念进行自觉的引导，是必不可少的。而且只有使谋利行为规范化，市场经济才能正常运转。

可以说，集体主义正确反映了社会发展进步和社会主义的本质要求，反映了广大人民的利益需求，也反映了人对人生、人对个人与社会的关系的正确认识和觉醒。利己主义的核心是个人利益高于集体利益，为达到个人目的不择手段。利己主义是私有制的产物，即使在资本主义条件下也存在着严重的消极作用。区别个人利益和利己主义的界限是正确地理解集体主义的关键。我国当前进行的改革，是为了更好地完善和巩固社会主义制度，我们要实现的现代化和正在建立的市场经济体制都是社会主义的。如果我们放弃集体主义，任个人主义泛滥，那么我们如何来实现社会主义本质所要求的共同富裕呢？

当今时代，科技的高速发展，竞争的加剧，社会分工的高度细化，都需要人有自觉的群体意识和团队合作精神。在日益需要合作的今天，具有自觉的群体意识，以及在此基础上形成的协作、谦逊、无私等品质，也是个人取得成就的必要条件。这是因为在当今世界，无论哪一门学科，都已经进入了一个群体创造、集体攻关的新时代，重大科研课题的完成单靠科学工作者个人的单枪匹马、孤军作战几乎是不可能的了。同时，一个人的能力毕竟是非常有限的，即使能力超人，如果长期脱离合作，他的思想也会趋于狭隘和僵化。所以，只有在和谐的集体中，个人的能力才能得到最充分的发挥。因此，我们要积极倡导和教育高职生具有集体主义和团队精神。

（3）学风校风教育。学风一般是指学习风气。具体来说，学风是学习目的、态度和方法的综合表现。为什么学习，以什么态度对待学习和怎样学习，都是学风问题。学风既可以对集体而言，也可以对个人而言。校风是一所学校师生员工共同具有的思想行为作风，它是一个学校的风范、风貌、风格和特色。这种长期形成、相对稳定的校风，构成了该学校区别于其他学校的个性。学风、校风是培养人才的"气候"和"土壤"，这种看不见、摸不着的"软"环境对每个置身其中的学生都产生影响。良好的学风、校风和班风体现了一个学校的精神风貌，是一种无形的、巨大的教育力量，它对于高职生成才起着潜移默化的作用。高职生树立良好的学风、校风，创造一种积极进取、奋发向上的氛围，对于其健康成长有着重要的意义，这是因为良好的学风、校风具有导向作用、激励作用、规范作用。我国《高等学校学生行为准则（试行）》中规定，大学生应当"勤奋学习，刻苦钻研，在努力完成各项学习任务中树立科学性和革命性相结合的学风。遵守学习纪律，考试不作弊"。这既是一种校纪要求，又是一种思想倡导。

学风是校风的核心，学风建设是校风建设的关键。有什么样的校风，就会有什么样的学风，反过来说，一个学校的学风好坏，是该校校风建设水平高低的主要标志。因此，在校园文明建设中，除了建设和维护优美和谐的校园环境、组织和推动丰富的校园科技文化体育活动，我们还必须注重加强学风教育。当前，一些学生在实用主义的冲击下，学风有所下降，必须加强和重视对高职生进行学风校风教育。

当前，应当下大力气抓好以下几个方面的工作：①优良学风（学习目的）的教育。在当今时期，尤其要加强学习目的、学习态度方面的引导和教育，形成优良的学风校风。学习目的是成才的决定因素，有了正确的学习目的，才能有高度的学习自觉性和责任感，才能有坚韧不拔的毅力和战胜困难的勇气。要让学生明白"国富"才能够"民强"，有"国"才有"家"，使他们树立为祖国和为人民学习的正确目的。立志苦学是求知启智的根本途径，也是育人成才的重要条件。②校风（校规校纪、校园文化、校园精神）的教育与养成。如前所述，校风浸染着身在其中的高职生，对其成长影响深远。③学习方法与学习纪律的教育与养成。在学习上教育学生要勤奋、严谨、求实、创新，要积极主动、刻苦认真，不要虚夸浮漂、弄虚作假、存侥幸心理，以古今中外立志勤学的生动事例来激励学生。

（四）政治教育

政治教育就是对学生进行爱国主义教育、社会主义教育和党的路线方针政策教育，使学生确立为建设中国特色社会主义而奋斗的政治方向。高职院校的政治教育内容包括马克思主义理论教育、爱国主义教育、党团基本知识教育和形势与政策教育。

1. 马克思主义理论教育

马克思主义理论教育是高职院校政治教育最关键、最核心的内容。马克思主义是一个科学的思想体系，它正确揭示了客观世界，特别是人类社会的发展规律，是无产阶级的世界观和方法论。马克思主义是我们党和国家的指导思想，我们在长期的革命、建设和改革中取得的一切胜利，都是马克思主义理论同中国实际相结合的胜利。马克思主义理论体系是一个开放的体系，是在实践中不断发展的，这也是其科学性之所在。马克思主义既有高于时代、科学地预见未来的一面，又有受时代制约的一面。随着历史的发展和时代的变迁，必然要抛弃原有理论观点中的一部分内容，同时又要为时代推出的新内容所补充，从而使马克思主义充满生机与活力。马克思主义同中国实际相结合的两次历史性飞跃所产生的两大理论成果已经证明了这一点。虽然当今世界发生了很大变化，但是马克思主义的科学理论并没有过时。

高职生是迅速发育成熟又未完全成熟的社会主体，心理发展呈现过渡性特征。他们的参与意识和社会责任感明显增强，但也容易产生盲目的逆反心理和从众心理，对事物的思考呈现多元性和多层次性。当今各种思想文化交织碰撞，影响着高职生的思想。为了实现我国高职院校德育目标，必须加强马克思主义理论教育，以正确的理论引导高职生，使他们逐步树立和掌握科学的世界观和方法论。有关资料统计表明，大部分高职生认为马克思主义理论是科学的，并对其他学科和实践起指导作用。同时，高职生具有较高的文化知识和认知水平，这也为对高职生进行马克思主义理论教育提供了智力基础。

历史实践证明，马克思主义理论教育的成败，与高职德育工作是紧密相连的。什么时候马克思主义理论教育开展得有成效，高职院校的整个德育工作就能健康地向前发展；什么时候忽视、庸俗或简化了马克思主义理论教育，这个时期的高职院校德育工作就要受到影响或者走入歧途。因此，必须对高职生进行切实有效的马克思主义理论教育。对高职生进行系统的马克思主义理论教育，使马克思主义基本理论进课堂、进教材、进学生的头脑，这是社会主义德育与资本主义德育的一个本质区别。

2. 爱国主义教育

爱国主义教育的内容和素材非常广泛。从历史到现实，从物质文明到精

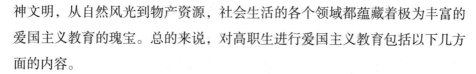

神文明，从自然风光到物产资源，社会生活的各个领域都蕴藏着极为丰富的爱国主义教育的瑰宝。总的来说，对高职生进行爱国主义教育包括以下几方面的内容。

（1）对国家与民族的认同感、自豪感的教育。对自己国家与民族的认同，对本国历史与传统文化的了解和认同，是任何一个公民都应具备的最基本的公民意识和品质，青年学生更应如此。在深化对外开放、学习国外先进科学技术、管理经验和跨文化交流频繁的社会背景下，应加强对青年一代进行国家与民族的认同感、自豪感的教育，使青年一代具有国家民族自尊、自信、自强的爱国主义精神。

（2）爱国主义传统教育。中华民族是富有爱国主义光荣传统的民族。在中华民族悠久的历史中，涌现出了无数杰出的民族英雄和爱国英豪，谱写出了一首首可歌可泣的爱国主义壮歌。这其中蕴涵着中华民族崇高的民族精神、民族气节和优良道德。这笔丰厚的遗产是对高职生进行爱国主义教育的宝贵资源。

（3）中国近现代史教育。我国人民的爱国主义精神是在中华民族漫长的历史进程中产生和发展起来的。中国近现代史是中国人民的一部屈辱史，受外来侵略和压迫最多、最深，中国人民的爱国主义精神和气节表现也最为强烈和集中。这段历史的教育，可以使青年一代了解中华民族自强不息、百折不挠的发展历程，了解中国人民反对外来侵略和压迫，反抗腐朽统治，争取民族独立和解放的过程，了解前赴后继、浴血奋斗的精神和业绩，特别是了解中国共产党领导全国人民为建立新中国而英勇奋斗的崇高精神和光辉业绩，了解其中的重大历史事件和著名人物，以激励和鞭策青年一代珍惜今天的中国，同时为建设一个富强的祖国而好好学习。

（4）基本国情教育。可以说，国情教育是爱国主义教育的基础。国情是指一个国家的社会性质、政治、经济、历史、地理、民族、文化等方面的基本情况和特点，也特指一个国家某一时期的基本情况和特点。因此，应使高职生充分了解和认识国情，还要通过基本国情教育，增强他们的民族意识和民族责任感，以及他们的民族精神。这种民族精神应当是爱国精神、求实精神、奉献精神和创新精神的统一，应当是民族自尊心、自信心、自强意识和民族自豪感的统一。现代高职生是时代精神与民族优秀传统的有机结合体，基本国情教育是形成民族共识、增强民族凝聚力的有力环节。基本国情教育还有助于认识并理解党和国家的路线、方针、政策。我们的社会主义现代化建设是在复杂的国际环境中进行的，而且国际的科技与经济竞争日趋激烈。我们进行国情教育要放在整个世界环境的大背景下进行。应该使受教育者认识和把握本国国情，清楚它对我国现代化建设利与不利；同时，我们还应当知己知彼，通过比较国情的研究和教育，充分认识本国在国际上的地位，认清自己的优势与劣势。

（5）中华各民族的团结和祖国统一教育。中国是一个多民族的国家，中华民族是一个多民族的大家庭，民族团结十分重要，它关系着国家的发展进步和统一。在中国历史上，中华各族人民为维护民族团结和祖国统一做出了不懈的努力和历史贡献。各族人民平等、友好地和睦相处，形成了血脉相连的关系。

（6）国防和国家安全教育。随着科学技术的发展，世界的政治经济生活发生了很大的变化。但国与国之间的利益之争依旧存在，且有日益深化的趋势。与早期的民族国家建立之时要经过铁与血的战争一样，在民族国家向全球化的转型中，也无法避开巨大利益板块的碰撞。有所不同的是，今天已不再把武力解决作为最后仲裁的上诉法庭，政治、经济、外交，任何一种手段都已经有足够的力量成为军事手段的代用品。世界已由过去狭义的战争空间变成了一个广义的战场。在这个战场上，武器更加进步，手段更加高超，只不过少了一点血腥，但一样残酷。对此，仅凭军队和武器，已经无法实现大战略意义上的国家安全，也无法维护这一级别上的国家利益。显然，战争正在超出军人、军队、军事的范畴，越来越成为各行各业的事情。国防和国家安全的课题更加复杂化、全面化。因此，为了实现大战略意义上的国家安全，维护国家利益，加强对高职生的国防与国家安全教育意义重大。

3.党团基本知识教育

中国共产党是中国社会主义事业的领导核心，在高职院校德育中，党的工作具有重要的地位和作用。我国高等学校担负着为社会主义事业培养建设者和接班人的重要任务。而市场经济的迅速发展，多种经济成分和多种分配方式并存，同资本主义国家的交往日益增多，这些又无不具有正、负两方面的双重效应。在这种国际国内的历史背景下，青年一代的成长特别需要科学的教育和引导。现在培养的青年一代能否顺利接班，肩负起建设中国特色社会主义的历史重任，能否坚持党的基本路线，使社会主义的千秋大业得以继承并不断开拓和实现，是摆在我党面前的重大问题。"谁掌握青年，谁就掌握未来。"从这一关系党和国家命运与前途的战略高度出发，我们必须在青年学生中加强党的教育，用共产主义思想教育他们，培养大批骨干和积极分子，使他们成长为具有坚定共产主义理想信念，具有马克思主义立场、观点、方法的可靠接班人，成为继承老一辈的共产主义事业，把握党和国家前途、方向和命运的中坚力量。

中国共产主义青年团是中国共产党领导的先进青年的群团组织，是广大青年在实践中学习共产主义的学校，是中国共产党的助手和后备军。这一根本性质决定了共青团在高职德育中的地位和作用。共青团是高职院校进行德育的重要力量，是党联系青年学生的重要桥梁和纽带，是学校培养人才的助手，因此共青团的地位和作用尤为突出。团组织以自己组织的先进性吸引、凝聚要求进步的青年学生，教育培养团员要起模范作用，发挥团员的群体作用和骨干作用。因此，在高职院校进行团知识教育，是高职院校培养和造就德才兼备的社会主义事业建设者和接班人的内在要求。

4. 形势与政策教育

形势与政策教育是高职德育的重要内容，是最生动、最实际的政治教育。青少年成长、成才与国家的前途、命运息息相关，因此国家的大政方针和国内外形势是他们关心和思考的高层次问题。《中共中央关于进一步加强和改进学校德育工作的若干意见》指出："要有针对性地对学生深入进行坚持有中国特色社会主义道路和党的基本路线的教育，逐步确立坚定正确的政治方向，自觉维护学校和社会的稳定。"在当前新的历史条件下，世界的政治、经济形势风云变幻，有时甚至发生某种突然的重大变化，这必然会影响到高职生的思想。如果他们没有很好地理解党的路线、方针和政策，思想跟不上快速变化的客观形势，就容易出现某种行为上的偏差，影响学校和社会的稳定。因此，需要经常切实地对学生进行形势与政策的教育，把党的方针和政策、国家的形势真实地告诉他们，使他们了解国内外形势，了解党的方针和政策，了解我国社会主义建设的伟大成就和困难，以便认清形势，明确奋斗目标，增强前进的信心，更好地团结在党中央周围。

当前，青年对政治与国家事务的参与意识十分强烈，这说明了他们对国家、政治事务的关心，也说明青年已经意识到了个人命运与国家命运息息相关。实践证明，形势与政策教育把党和国家的中心任务，改革开放中的重点、难点问题，以及高职生关心的热点、疑点问题相结合，不回避矛盾，讲真话，实事求是地面对问题，不照本宣科念稿子，这很有实效，受到了高职生的欢迎。形势与政策教育的形式和方法有其阶段性特点。形势与政策教育应当注重加强国内国际的形势与政策，尤其是热点、难点问题的教育。当今时代，大学生胸怀天下，面向未来，渴望了解国家的大政方针、国情现状及发展趋势、世界的变化和形势等。但青年学生在对此表现出较大热情的同时，也对讲授内容的时效性、广度和深度等方面提出了更高的要求。不断变化和发展的形势与政策，其内容的多变性及学生的高要求，决定了讲授的难度，因此我们应精心组织，讲究效果。对高职生进行形势与政策教育效果的好坏，不在于理论上讲的多少和时间安排的多少，而在于能否贴近学生思想，真正解决一些深层次的思想认识问题。讲授内容力求丰富、灵活，但基本上应涉及几个方面：①当代世界经济、国际政治发展变化的形势和我国对外政策；②国内经济政治发展变化形势与党和国家的现行政策；③随时发生的学生关心的热点问题；④马克思主义形势观。

七、高职院校德育内容分阶段阐释（以三年制高职为例）

按照德育总体目标和高职各年级学生思想道德特点，确定不同年级的德育内容和要求，因材施教。德育过程要体现一定的目标递进层次。

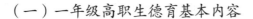

（一）一年级高职生德育基本内容

一年级是学生在思想、学习、心理等各方面实现由中学到高职生转变的过渡阶段，是学生树立明确的学习目的、形成良好班集体的主要阶段。其德育内容主要有以下几点：①爱国主义和革命传统教育，包括课堂教学、组织参观爱国主义教育基地等，使学生了解中国近代史，了解中国的基本国情，激发学生的爱国热情，增强学生的社会责任感。②校风教育和校史教育，帮助学生了解专业，引导学生热爱专业、热爱学校，逐步树立起正确的成才目标。③学风和学习目的教育，使学生了解高职院校的培养目标和在德、智、体等方面的要求，提出建设优良学风班的目标。④集体主义和基础文明教育。加强心理和行为指导，倡导文明修身活动，使学生正确处理个人与集体的关系，建立团结向上的班集体。强化学生纪律观念，遵守校规、校纪，养成良好的生活习惯和艰苦朴素、勤俭节约的生活作风。⑤学生骨干的培养，如加强对班、团干部的选择与培养。⑥党的基本知识教育，要有计划地进行党的基础知识教育，做好积极分子的培养与考察工作。⑦心理健康教育。对学生进行尊重他人、正确对待友情、正确处理和异性的关系、正确对待挫折等的教育，使学生保持良好的心理状态。⑧国防教育。通过军训和国防知识教育，提高学生的国家安全意识。

（二）二年级高职生德育基本内容

二年级学生思想活跃，参与意识强，是形成人生观和世界观、进行学风建设和班集体建设的关键阶段。其德育内容主要有以下几点：①人生观、价值观教育。通过课堂教学或专题报告会等活动，帮助学生树立正确的人生观、世界观，坚定政治信念。②形势教育。通过形势报告、社会实践等活动，帮助学生正确认识国情，走"爱国、成才、奉献"的成长道路。③人文素质教育。加强文学、历史、哲学、艺术等人文社会科学方面的教育，提高学生的文化品位、审美情趣、人文素质、环保意识。④道德和法治教育。通过教育和管理，帮助学生树立社会主义法律意识和法治观念，树立社会主义公共道德观念，在社会活动和集体交往中遵纪守法，坚持良好的道德行为，养成高尚的道德习惯。⑤培养学生自我教育、自我管理的能力，通过德智体美劳综合评分评优等工作，引导学生德智体美劳全面发展。⑥班风、学风建设。加强班集体建设，搞好先进班集体、"五四红旗"团支部的评选工作，形成班集体的核心和骨干队伍。⑦做人教育。通过自律教育、健康人格教育、公德教育，教育学生正确处理自己和他人、个体和群体的关系。

（三）三年级高职生德育基本内容

三年级学生在政治思想方面开始形成自己的基本观点，独立意识增强，班级状况出现明显差异，学生面临就业。其德育内容主要有以下几点：①形势与政策教育和国情教育。帮助学生明确历史责任和使命，做好走向社会的思想准备。②青年知识分子成长道路教育。通过与先进知识分子和有成就的校友交谈，参加社会实践和挂职锻炼，引导学生客观地认识自我，虚心向工程技术人员学习，自觉走理论与实践相结合、知识分子与工农群众相结合的健康成长道路。③职业道德教育和就业指导。帮助学生客观地评价自己，正确认识社会对人才的要求，树立正确的择业观和职业道德，考虑个人自主择业时立足现实、着眼未来。④成才教育。通过结业实习和毕业设计，结合借鉴校友的成功经验，培养学生一丝不苟的科学态度和勇于创新的开拓精神，使之成为社会主义市场经济所需的人才。⑤合作精神教育。知识经济时代强调与人相容、合作共处。要通过各种教育活动培养学生的合作精神。⑥创业教育贯穿于高职院校德育活动始终。要通过各种教育更新教育观念，要使学生从等待工作机会到寻找机会，再到创造工作机会。重视学生创业技能的训练。

第二节　高职院校德育课程体系的构建

国外课程理论专家将学校课程分为显性和隐性两类，并对隐性课程进行了深入研究，形成了隐性课程理论。以此理论为基础，笔者也相应地将高职生德育课程划分为显性与隐性两种，研究隐性德育课程的内涵和作用，坚持

高职生德育课程体系的构建原则，把两种课程相统一，整体构建高职生德育课程体系。

一、隐性课程的基本内涵

1968 年，美国教育社会学家杰克逊（Jackson）在其专著《班级生活》中首次提出隐性课程的概念时指出：学生从学校生活中不仅学到了文化知识，而且获得了态度、动机、价值和其他心理的成长。这些价值、规范、态度、动机不是从学术课程中获得的，而是经由学校的非学术方面潜移默化地传递给学生的。杰克逊把这种非正式的文化传递称为隐性课程。随着隐性课程理论研究的深入，人们从不同角度提出了众多的定义，但一般认为隐性课程是指形成学生的非正式学习的各个要素，这些要素在学校课程中没有得到明确的规定，它们被看作一部分隐藏的、无意的，甚至是完全没有得到承认的学校生活经验，但又经常有效地对学生发挥着影响。

从隐性课程定义中可以看出隐性课程具有的基本特征：一是隐性课程作为课程的一个下位概念，是课程的一个组成部分，其外延不能超出课程所规定的范围，因此它不包括家庭和社会的影响，而是学校生活经验的组成部分。二是隐性课程就其内涵来讲，它不直接指向学科内容，属于非实体性的精神文化。隐性课程是指在学校中除正规课程之外所学习的一切东西，是学校经验中隐蔽的、无意识的或未被完全认可的那部分经验。三是隐性课程作为与教师按照教学大纲、教学计划的要求传授，学生通过正式学习获得的学校经验相对立的一个概念，与显性课程一起构成了学校课程体系。四是隐性课程既体现着学校教育范围内自然影响的属性，也体现着教育的属性。换言之，隐性课程对学生的影响，通常都是在"非目的性""无计划"的自发偶然情况下发挥作用的，学生在潜移默化中受到影响，但也不否认隐性课程是有一定目的、有计划、有意识地对学生施加影响，学生也会有意识地从学校环境中得到某些体验，隐性课程处于一种意图性、预期性的状态。五是隐性课程与显性课程的划分也是相对的。实际上，两者是互相联系、互相渗透并且互相转化的。显性课程中潜含着隐性课程的成分，隐性课程中强化着显性课程所传递的经验。显性课程中包含的观念，如世界观、人生观、价值观等，由于连续多年的传递过程，会转而消融成隐性课程；隐性课程的内容由于教师的精心设计与有关方面的重视，转而可以成为显性课程中的一个内容。

二、高职生隐性德育课程的基本构成

根据以上理论分析，高职生德育课程可分为显性和隐性两种。所谓隐性德育课程，是指学校通过（或创设）一定的教育环境，对学生进行一种间接的教育性经验的传递与渗透。依据隐性课程理论，高职生隐性德育课程应由四个部分构成。

（一）隐藏在各种正规显性德育课程中或各学科教学中被忽视的隐性德育因素

课程理论研究者指出，学生思想品德的学习一般包括两种形态：一种是通过专门的（有计划的、正规的、显性的）学习任务获得学术性知识（如思想政治理论课），但学生从这些课程中"学会"或"获得"的并不一定就是这些课程的设计者与传授者所预期的结果；另一种是学生无意识地获得的非学术性知识，它以无形的方式自发地作用于学生的思想品德的形成与发展，如通过学校环境、气氛、风气施加给学生的影响，或是通过交往、评价等学习活动而获得的价值、态度、情感、兴趣、意志和信仰等。这种自然的、潜在的因素确有其非预期性的一面，我们很难估计它究竟会对学生产生什么样的影响，然而这种潜在的影响因素经常由于它的隐蔽性或无形性而被教育者有意或无意地忽视了。事实上，隐藏在各种正规显性德育课程中及各学科教学中的德育因素是自然而然地潜在着的，它的作用又具有不可预期性，它以潜移默化的方式对学生的思想品德产生着深刻影响。

（二）以校园物质环境为载体的隐性德育课程

这主要是指学校规划、建筑设计、班级教室设置，以及各种自然景观、人文物质景观等因素对学生思想品德的隐性作用。物质景观有三种不同的艺术形式，即建筑、雕塑和服装，它们具有极高的审美价值和教育功能。校园各种物质景观积淀着历史，传递着文化和社会的价值，蕴含着巨大的潜在教育意义，其直观性和超语言性潜移默化地影响着学生的价值观、态度和情感，学生通过对各种物质景观的解读去领悟其丰富、深刻的内涵，如学术报告厅的庄重、课堂教室的严谨、体育场馆的朝气、各种雕塑的寓意等。正是由于校园物质、自然景观的象征性、隐喻性、激励性和模糊性，造就了隐性德育的教育功效。

（三）以制度形态为内容的隐性德育课程

制度即规定，是维系各种社会生活关系的规章体系。学校的规章、守则和组织是学校教育结构的特性，也以隐蔽的方式对学生产生德育功效。它具体包括学校的组织结构，领导者的思想观念、方式，教学管理方式及其评价机制，学生宿舍生活及一切活动的安排方式，规章制度的健全与合理性，等等。应该看到，制度或体制对人的行为的规范性是极其复杂的，表现出诸多因素的不可预期性，甚至出现相反的效果，由此引起我们思考制度形态上存在的隐性德育因素。例如学生考试中的作弊处罚制度，缺课处罚制度，公共课、选修课点名制度，男女生宿舍管理隔离制度，为什么在这些规章、守则颁发后，有制度而效果不大呢？显然与忽视隐性德育课程意义相关。目前，高职院校规章制度的制定普遍偏重于科学性、规范性和可操作性，没有考虑制度的可行性，即忽视了学生作为道德主体参与的程度，以致学生缺乏自主设计、自主学习、自觉检查评价的习惯和能力，以及自主负责的态度，这样会削弱学生道德行为的自觉性与持久性。高职院校出现的与学校各项规章相悖的现象，既不反映学生认知水平问题，也不属于道德品质问题，而是一个心理问题。那些经过他们参与讨论并自主选择了的学校规章在获得心理认同后，应该会内化为自己的自觉行动并选择相应的道德行为。

（四）以文化、心理内容为特征的隐性德育课程

这主要是指校园风气、学校气氛、社团组织气氛、教师人格、心理影响、师生关系及班级心理环境等。隐性德育课程发挥德育功能来源于深刻的心理

学理论基础，它对学生产生影响的心理方式主要是感染、暗示、模仿等。它是通过无意识发生作用的，学生在观察、模仿中就形成了自己特定的思想品德和个性特征。学校中特定的文化、心理内容集中反映了校园的历史传统、精神风貌，以及学校成员共同的目标追求、价值体系、道德情感和行为规范。良好的师生关系会给学生带来愉悦的情感体验，极大地促进学生的认知积极性和学习主动性。同时，和谐的、健康的班级心理环境有利于缔结学生积极向上、友谊合作的同伴关系。教师个人的范例对青年人心灵的影响是任何教科书、任何道德箴言、任何惩罚和奖励制度都不能代替的一种教育力量。

三、高职院校隐性德育课程的功能

（一）认识导向功能

道德认识是学生对是非、善恶、美丑的理解与掌握，以及在此基础上形成的相应的价值观和判断能力。道德认识在人的品德的形成过程中发挥着重要的作用。学校道德认识的形成固然需要一定的道德灌输与说理，但也离不开学生长期生活于其中的可知可感的一种具体生动的环境的影响。在现实的学校环境中，从物质环境到文化传统，从集体规范到人际关系，从教师的举止仪表到教室的装饰布置，都给学生提供了一个参考系，并传递出一定的价值观信息，给学生以暗示和导向。

校园物质环境不仅是校园美的象征，同时还蕴含着丰富的教育内涵。例如，用中外著名科学家、思想家的肖像和格言装饰教室，将写有校风、校训的标语牌悬挂于校门，用大学生守则、日常行为规范点缀墙壁，会使学生从踏入校门的那一刻起就知道学校倡导什么、追求什么。孩子在他周围——在学校走廊的墙壁上、在教室里、在活动室里——经常看到的一切，对于他的精神面貌的形成具有重大意义。因此，用学生自己创造的周围环境，用丰富集体生产的一切东西进行教育，是教育过程中最微妙的领域之一。因此，要创造出"让学校的墙壁也说话"的教育情景。另外，校园传统、校园气氛、集体舆论、教师言行都将对学生态度和认识的形成发挥导向作用。

（二）情感陶冶功能

道德情感作为品德的重要组成部分，也不能指望仅仅在显性课程中就能完成与实现。情感的形成尤其离不开隐性德育课程的体验、熏陶、感染的作用机制。理论研究表明，情感的重要特征之一是"情境性"，人的情感总是在一定的情境中产生的。隐性德育课程恰好提供了现实的情境让学生体验感悟，从而使学生形成良好的道德情感。

师生交往、同学交往之中的情感交流，会形成学校特有的人际情感环境。教师对学生的关怀、期待、爱心容易感染学生，引起情感共鸣，产生积极的情感体验。同学间的友谊帮助也可以使学生直观地感受到生活中的真、善、美，可以领悟到人与人之间真诚、友爱和理解的可贵。学校情境不仅能使学生产生清新舒适之感，而且会使学生产生对集体、对学校的归属感和认同感，从而激发他们热爱生命、热爱生活的情感。学校中的集体生活、集体活动也是陶冶学生情感、培养学生情操的重要途径，有利于他们在积极向上的集体与集体生活中激发出健康的情绪体验。

（三）行为规范功能

行为表现是学生思想品德的重要外在标志，隐性德育课程可以对学生的道德行为起到重要的约束、规范作用。由于学校中的物质环境、制度安排、师生交往等都渗透着学校的道德要求与教育意志，是一个有情感色彩的、具体生动的德育环境，因此可以通过暗示、舆论、从众等特殊机制使学生产生潜在的心理压力和动力，使他们自觉感受到这种要求，并按照这种要求去规范、约束自己的行为，使这种影响不带有强制性。在这种环境中，学生会感觉到自己是一个被尊重的道德主体，从而主动地接受外部影响，而不带有任何逆反性。

在一个讲究文明礼貌的环境中，学生往往会注意自己言行的文雅；良好的校风班风将约束其中的每个成员，逐渐使自己的行为、态度趋同于校风班风体现出的价值规范；教师与同伴的言行、集体的舆论等也将成为巨大的教育力量来影响学生的行为。科尔伯格于1974年进行了"公正团体法"

的教育试验，力图使学校和班级成为一个充满民主的道德气氛、由大家共同管理的"公正团体"，教师是这个团体的"公民"或成员，起着促进学生道德发展的引导作用，每个学生都有自由发表意见的权利，学校和班级事务采取直接的民主管理，让每个学生投票决定。科尔伯格试图通过营造良好的学校道德气氛来发展学校的道德行为，而良好的道德气氛的营造需要教师的道德引导与民主精神、学校组织制度的公正合理、班级团体舆论的正确导向。

四、高职院校德育课程体系的构建

实现显性课程与隐性课程的有机统一是构建完整的高职院校德育课程体系的理论前提。同样，显性德育课程与隐性德育课程一起构成了完整的高职院校德育课程体系。

（一）高职院校德育课程体系构建的现状

由于多种原因，我国高职院校在德育课程设计上普遍存在对隐性德育课程的研究和实际考虑的忽视，使一些以无形方式影响学生思想品德的德育因素未能发挥隐性教育作用。目前，我国高职院校德育课的构成主要有：①由思想政治理论课构成的计划性、显性课程，这类课程有其预定的目的、内容和作用，我们称之为"知识性德育课程"；②由学校思想政治工作人员（如党团专职干部、学生政治辅导员、班主任等）组织实施的德育实践活动，我们称之为"活动性德育课程"；③由各学科教师在课堂教学中利用教材蕴含的德育因素进行的思想品德教育，我们称之为"渗透性德育课程"。以上三类均为显性课程的德育方式。这种德育课程体系在高职院校德育过程中发挥着主导作用，但人们大多只关注它的显性特征，而忽视了其隐性作用。

（二）高职院校德育课程体系构建的原则

1. 实效性原则

所谓实效性原则，是指开展德育活动所产生的实际效果。这是高职院校德育课程体系构建的首要原则。德育研究表明，传统德育课程，特别是知识性德育课程表现出不合理性与无效性或低效性，众多学者的研究支持这一观点。杜威曾批评"传统品格教育"中直接讲授道德规范或美德知识的方法与方式，实质上是把道德教育变成了特定的问答教学，关于道德的功课是不合理的，也是无效的。部分高职院校开设的知识性德育课程存在着脱离学生实际的现象，因而收效不尽如人意。因此，增强思想政治理论课的实效性是当务之急。

2. 整体性原则

所谓整体性原则，是指高职院校德育课程体系构建应从系统的、动态的、多维度的整体来考察，这是因为德育本身是一个复杂的系统工程。首先，德育总是作为一个有机的整体而存在并发挥着功能的，离开了德育的有机整体，各种德育现象的特征及功能便无从理解；其次，德育的作用是通过正规性与非正规性、显性与隐性的形式发挥出来的，正规德育课程背后隐藏着隐性德育因素，隐性德育课程中的德育性又以无形的方式潜隐在正规德育课程中，对学生思想品德发挥着影响作用；再次，德育的整体性作用是通过家庭、学校和社会协同产生效应的，发挥着综合的教育作用，因而仅靠学校实施德育是远远不够的；最后，德育现象总是处在不断运动、变化之中，学生的思想道德品质是在内外环境不断变化、相互作用下形成的，相对地表现为动态特征，因此德育方式需要德育设计者随情境的变化而变化。

3. 主体性原则

所谓主体性原则，是指高职院校德育课程体系构建要以学生为道德主体，在内容和方法上要考虑学生接受的愿望和认识发展水平，不能脱离学生实际。要尊重学生德育实践的主体地位，真正使德育教育由教师的知识转换为学生成熟的品德心理结构，内化为学生的内在道德能力系统。

4.发展性原则

所谓发展性原则，是指高职院校德育课程体系构建必须考虑两个变化：一是必须用发展的观点去研究、分析学生的思想品德现状，不仅要注意学生已经形成的思想道德品质特征，还要注意那些新出现的品德问题和发展趋势；二是德育课程内容也应随着形势的变化而变化，既要注意内容构建的相对稳定性和科学性，又要着眼于内容实施中的变化性和逻辑性。

（三）高职院校德育课程体系的基本框架

根据高职院校德育课程体系构建原则，实现隐性德育课程与显性德育课程相统一，整体构建高职院校德育课程体系。

构建高职院校德育课程体系，首先要充分认识隐性德育课程对学生的隐性教育功能，它与显性德育课程有着内在的互补关系，二者密切配合，从整体上构建德育课程系统；其次要改进教学方法和教育形式，注意理论联系实际，防止空洞说教，克服形式主义倾向，提高学生的满意度；最后要改革教学内容，德育内容应随着形式的变化而变化，同时要注意内容设计的相对稳定性、内在逻辑性和科学性。

需要指出的是，由于高职院校德育课程体系建设是一个十分复杂又尚待深入研究的课题，它不仅存在隐性德育课程与显性德育课程相统一的问题，同时也客观地存在着二者相对立的状况，还涉及与高中德育课程体系相衔接的问题。因此，这是一个系统工程，需要广大德育工作者协同作战，共同完成这一工程。

第三节　高职院校思想政治教育评价体系的构建

思想政治理论课教育教学是高职院校思想政治教育的主渠道、主阵地，也是高职院校社会主义办学方向的集中体现。与其他学科相比，思想政治理论课教育的特殊性在于，它不仅仅向学生传授知识，更重要的是通过知识的传播和教师的言传身教使学生树立科学的世界观，正确的人生观、道德观、法治观，从而达到育人的目的。思想政治理论课教育的这种特殊功能，决定了对思想政治理论课教学的评价也必须采取特殊的方法，构建独特而科学的思想政治理论课教育教学评价体系。

一、思想政治理论课教学评价体系的现状分析

现行的思想政治理论课教学评价体系与各高职院校的管理相统一，因高职院校内部的机构设置等管理体制不同，评价方式也不尽相同，但就其评价内容而言又有许多相通之处，主要由评价目标、评价主体、评价对象、评价指标、评价的组织与方法步骤等部分组成，包括教师教学业务档案、教师备课质量、课堂教学质量评价体系、教学督导制度、听课评课管理方法、学生课堂学习质量评价方法、专家听课记录表、领导听课记录表、作业批改质量评价、考试质量分析评价等教学全过程的质量评价监控体系，已经形成一套有效的目标评价与过程评价相结合的评价体系。既有对教师教、导的水平的评价，也有对学生学、思的过程的评价。

第一，对教师的评价。对教师的评价包括同行评价、学生评价、教师自我评价、领导和专家组评价四个部分，每个部分在总评价体系中所占比重不同，各部分内部又有若干量化指标，并赋予不同的权重值。评价结论都与教师评优、浮动工资、职称评定等挂钩。

第二，对学生的考核。对学生的考核则是平时成绩与考试成绩相结合，以期末考试成绩为主，以平时成绩为辅。多数学校已经教考分离，建立起试题库，实行密封流水评卷。考试成绩与助学金、奖学金挂钩，对思想政治理论课教学的发展起到了一定的促进作用。

但是，目前的思想政治理论课教学评价体系仍然是各高职院校整体教学评价的一部分，相对独立性不强。第一，思想政治理论课教学的评价与管理没有分开，评价仍然由教务处或思想政治理论课教学部等职能管理部门组织实施。思想政治理论课教育的特殊性体现不够，尤其是思想政治理论课的功能定位不能体现。第二，目前的思想政治理论课教学评价，从理论上讲已经与教师的浮动津贴、年度考核、职称评定等挂钩，但事实上很少兑现，评价

成绩的优劣对教师影响很小，仍然存在吃大锅饭的现象，不利于调动教师，尤其是好教师的教学积极性。第三，目前的思想政治理论课评价体系更注重目标评价，而忽视过程评价。评价的结论是终端的，而不是发展性的。多数高职院校每学期期末评价一次，少数高职院校每学年评价一次，只有个别院校有期中考评、随机听课制度，随时接收教学各环节的反馈信息，及时整改。这种评价方式很难客观、真实地反映出思想政治理论课教学效果，反馈回来的信息缺乏客观性，与思想政治理论课教学的发展相比明显滞后。第四，目前的思想政治理论课教学评价体系注重对学生掌握知识多少的考核，而对学生创新能力和实践能力的考核较少。试卷往往以知识呈现型为主，思考探索型、能力发展型、实践应用型的试卷很少。学生的自主选择少，不利于激发学生的创新精神、提高学生思想政治素质，以及树立科学的世界观、人生观、价值观和道德观等。第五，目前的思想政治理论课教学评价没有运用网络评价，只局限于常规评价。不少高职院校通常只是依靠传统的教学评价方法。例如请学生和教师填表、打分，召开部分学生、教师参加的座谈会，请专家对两课教学提些意见，等等。对学生要求严格的教师，得到的反馈意见反而不如对学生要求比较松的教师，评价结果与教学质量相背离。关于教学内容和方法的建议、意见虽然可以畅所欲言，也不乏真知灼见，但及时性不强。同行之间的交流和促进，由于各种主客观原因而受到限制，如果不能深入课堂观看其他教师授课，要较为客观、准确地评价同行之间的思想政治理论课教学质量是比较困难的。

二、成因分析

目前的思想政治理论课教学评价体系之所以如此，是由以下原因造成的。

一是对思想政治理论课教学效果重视不够、认识不清。多数高职院校重视采取具体措施加强思想政治理论课教学，如增加经费投入、改善教学设施、提高教师的福利待遇，以调动思想政治理论课教师教学的积极性，而对思想政治理论课教学效果的评价、反馈不够重视，没有专门的、相对独立的思想政治理论课教学评价机制。目前的高职院校内部管理体制没有将管理与评价两种职能分开。

二是很多高职院校的教学评价仍然由教学主管部门组织实施，教务处既是领导者，又是裁判员，其成员有时还做运动员（兼职教师）。教务部门日常事务繁杂，很少有精力和时间进行系统的教学评价，思想政治理论课专门评价更不用说，同时也难以保证评价的公正、公平。

三是高职院校扩招带来的负面影响。高职院校扩招给各高职院校都带来不同程度的压力，一些高职院校只求数量扩张、不重视质量提高。质量才是高职院校的真正生命力所在。

四是部分高职院校基础设施建设投入多，教学设备投入少，教学软环境投入更少，思想政治理论课教学和评价不能运用现代化手段。

五是社会大环境的影响。在我国由计划经济体制向市场经济体制转变、由传统政治型社会向经济型社会过渡的过程中，人们的注意力逐步转移到经济上来，开始淡化政治的权威和影响，这对高职院校的思想政治理论课教学和评价也造成了一定的冲击。

三、构建科学的思想政治理论课教学评价体系

构建富有创新特色的思想政治理论课教学质量评价体系和管理体制，是思想政治理论课教学工作得以顺利实施的重要保证。

一是应明确思想政治理论课教学评价的宗旨。实施思想政治理论课教学评价，不仅可以鉴别教师工作质量、学生学习成绩，而且能够准确、科学、及时地对每个教师的教学质量进行价值判断，以公开、公正、公平的方法接触到教师工作中最真实的教学态度和教学行为，客观、公正地检测教师的实绩，为改进教学工作、加强师资队伍建设提供可靠的信息和资料，将准确可靠的测评结果与教师的奖酬金发放、年度考核、职称评定等实际利益真正挂钩，从而调动教师教学的积极性，在全体教师中营造注重教学、追求卓越、增强竞争的气氛，促进思想政治理论课教学质量不断提高。对思想政治理论课教师的教学评价，主旨是在广大思想政治理论课教师中营造重视教学、争做教学能手的竞争氛围，深入挖掘教师的潜能，使教师以更大的投入、更强

的控制力、更高的产出为思想政治理论课教学服务。

二是给思想政治理论课教学评价以科学的功能定位。思想政治理论课评价的功能主要有三个，即评判作用、诊断作用和激励引导作用。以评价的结果来衡量一个教师的教学质量是它的直接作用；通过评价来诊断教师的教学情况，帮助教师端正教学态度，或改进教学方法，或提高教学水平，是评价的间接作用；将评价结果与教师的奖酬金发放、年度考核、职称评定挂钩，激励教师做好工作、积极进取，则是评价的最终作用。通过评价给学生权力，给教师压力，给学校动力。当然，评价的目的在于引导，而不是找错，应避免影响教师教学积极性的做法和环节出现。

三是将思想政治理论课教学评价职能与管理职能分开，成立独立设置的主管教学评价工作的职能部门 —— 教学评价处。建立一支由校督导团和院系督导组两级组成，涵盖全校所有学科专业的督导队伍、听课评课队伍和教学信息员队伍。聘请部分离退休的资深老教师、老专家担当督导人员，保证评价过程的客观性、科学性和评价质量的权威性，体现学术治校、专家治校的办学思想。

四是建立独立的思想政治理论课教学评价体系，体现思想政治理论课教育的特殊价值。思想政治理论课的主要功能是提高学生的思想道德素质和政治素质，重在教育、引导学生如何做人，而不是单纯地传授知识。只有学生主动参与思想交流，在思想的碰撞中自然而然地接受引导，自觉而主动地选择以马列主义、毛泽东思想、邓小平理论、"三个代表"重要思想、科学发展观、习近平新时代中国特色社会主义思想为核心的社会主义思想文化，选择爱国主义、集体主义和社会主义，思想政治理论课教学才能真正收到实效。

五是设计科学、全面的评价内容，保证思想政治理论课教学评价的全面性、全程性、客观性、导向性、激励性和易操作性。所谓全面性，就是思想政治理论课教学评价不是只对必修课程、统考课程进行评价，而是根据教学计划开设的全部课程，包括必修课、选修课、活动课和实践课都要进行评价。所谓全程性，就是不仅要在教学的起点和终点评价，更要评价教学过程，建立健全教学监控体系，将以往对教学结果的监控改为对教学全过程的监控。

所谓客观性，就是设计的评价量化指标和各项指标的权重值要符合思想政治理论课教学实际，收集的评价资料、信息要客观、真实，尽量使用第一手材料，避免使用第二手、第三手材料。所谓导向性和激励性，就是教学评价要紧紧围绕评价目的，引导广大思想政治理论课教师积极投身教学工作，提高教学质量。教学质量评价不等于评优评模。先进和模范是人群中的少数，评优评模的比例一般控制在10%左右，而教学质量评价一般应保证合格以上的占大多数，使多数教师有奔头，少数教师有赶头，通过评价普遍调动思想政治理论课教师的积极性，受益面应在70%～80%。所谓易操作性，就是教学评价要集中精力抓住关键问题，解决主要矛盾，评价指标应清楚明白，符合实际情况，执行起来没有歧义。

六是采取合理的评价方式。思想政治理论课教学评价既要有教师评价，又要有学生评价；既要有同行交互评价、领导和专家评价，又要有教师自我评价；既要有常规手段评价，也要运用网络进行评价。要保证评价工作的客观、公正、全面，特别应注重学生评价和网络评价。

评价教学，学生最有资格。教学评价处每学期应组织学生填写思想政治理论课教学效果机读卡，通过阅卷机给教师打分，给教师写出主观评语。思想政治理论课教学效果机读卡的设计可分为两种。第一种供学生在1～7学期使用，对任课教师进行精确评价。评价内容包括教学态度、教学内容、教学能力、教学效果等四大项，每一项内又可分为若干项量化指标。评价结果可分为优、良、中、差四个层次。第二种供学生在最后一学期使用，对任过课的思想政治理论课教师进行模糊评价，只就其教学态度、教学内容、教学能力和教学效果等做出优、良、中、差评价。卡的背面让学生写出对任课教师的主观评价。学生评价得分在评价总分中所占比重不低于40%，学生问卷采用即发即收的形式，保证"原汁原味"，提高问卷的回收率。

教师同行、领导评价表和自我评价表可设计为同一种样式。评价内容主要有教师职责、教学内容、教学素质和教学效果等。每项内分出若干评价指标，也可分为优、良、中、差四个等级，考查思想政治理论课教师是否有正确的政治方向与坚定的政治信仰、扎实的马克思主义理论基础、逻辑思维与辩证思维能力、丰富的教学经验，能否做到掌握现代技术手段、关注学科发展、善于表达、人格高尚、言传身教、实事求是、理论联系实际等。同行、领导和教师自己的评价各占总分的 10%。

专家组的评价主要在教学评价处的统一组织下进行，着重对教学过程中的各个环节进行评价监控，考查思想政治理论课教师能否以身作则，遵守教学纪律，坚持正确的政治导向，并与时俱进、系统、有效地传授理论，联系学生的思想实际和社会生活实际；能否将大家关心的热点难点问题、与教学内容相关的不同理论观点及教师自己的见解介绍给学生，引导学生深入研究问题；是否达到授课逻辑层次清晰、语言流畅生动、注重师生互动、使用多种教学辅助手段、富有鲜明的个性特色；等等。同时，专家组还应兼顾必修课和选修课的评价，两种不同性质的课程采取不同的评价方式。必修课从严，选修课从宽。鼓励思想政治理论课教师在完成教育部规定的必修课教学任务之后，增开相关的选修课，拓宽学生的知识面，提高思想政治理论课的实效性。专家评价得分在总分中占 30% 左右。

将互联网技术引入思想政治理论课教学评价，通过网络特有的交互性、广泛性、非面对性，能够保证较大规模，甚至全体接受思想政治理论课教育的学生和从事思想政治理论课教学的教师都参与教学评价，弥补传统思想政治理论课评价存在的不足，提高反馈意见的真实性。有条件的学校可以设计专门的统计软件，并在校园网上公布评价指标体系，将参与测评的学生集中到网络中心或有大批电脑的电教中心、电子阅览室，在不要求测评人公开自己真实身份的情况下，在较短的时间内收集到大量比较真实的信息数据。没有专门软件或指标体系的学校，也可以通过网上电子公告栏，让参评的学生或教师比较自由地发表自己的看法和意见，让任课教师开课前向学生公布自己的 E-mail 信箱，以利于收集学生和同行的反馈信息。

七是尊重评价结果的权威性。每次思想政治理论课教学评价的结果都应该在本部门内予以公开，以增强透明度，接受全面监督。对每一位被评价的授课教师，要给出每一项评价指标的评价分值和评价等级，并对学生评价的教学优势和教学劣势予以注明，作为教师改进工作的依据。把教师的教学质量等级与教学奖金直接挂钩，对教学质量评价优秀的老师，在奖酬金发放和年度考核中予以倾斜；对连续两次评价不合格的教师，视为不合格教师，应调离教学岗位。现在，一些高职院校已经开始实行选课制，即每门课均由两名或两名以上的教师同时挂牌上课，学生可以自行选择任课教师，教师津贴费的高低完全取决于他们所完成的课时数和授课学生的多少，这种自然淘汰制也不失为提高思想政治理论课教学质量的有效途径。

总之，建立健全科学的思想政治理论课教学评价体系是提高思想政治理论课教学质量的重要保障。只有使评、督、改形成一个封闭的回路，保证教学评价的良性循环，才能不断提高思想政治理论课的教学质量。

第六章 高职院校德育课程实践教学现状及改革创新研究

第一节 当前高职院校德育教学内容的特点

一、当今高职院校德育教学内容

目前，高职院校采用的德育教材是高等教育出版社出版的《大学生思想道德修养与法律基础》，内容涵盖相对比较全面，如理想、人生观、公共道德、法律基础等，但纵观德育教材的演变和实际授课效果，德育教材的内容还需要进一步完善和贴近现实，有些在学生当中比较突出和尖锐的问题，可以在教材中有所体现。

二、当今高职院校德育教学内容的特点

（一）结构单一

改革开放以前，只存在单一的马克思主义理论课程，到 1982 年后才逐渐开设一些思想品德课程。在课程形式上，单一开设学科德育课程的状况一直没有改变，以致人们误认为学校德育课程就是学科德育课程，加强德育建设就是加强学科德育课程建设，活动课程、隐性课程一直没有得到有效的发展与建设。内容结构跟不上时代发展的步伐，内容需要创新，没有很好地吸纳改革开放实践中形成的新理论、新观点。比较重视思想政治方面的内容，而相对忽视道德教育内容；比较重视学生对系统思想道德观念的学习和掌握，而比较忽视学生政治社会化方面的能力培养。

（二）稳定性不够

从社会性质与人才培养的需要来看，学科德育课程保持一定的稳定性，不应有很大的变化，但我国高校思想政治理论课不管是课程名称还是课程内容，基本上是 5 年左右一小变，10 年左右一大变，并且课程的连贯性不够。比如：1949—1952 年，主要开设"辩证唯物主义与历史唯物主义""新民主主义论""政治经济学"。1953 年 6 月 17 日，教育部又发文改"新民主主义论"为"中国革命史"。1954—1956 年，又改为"马列主义基础""中国革命史""政治经济学""辩证唯物主义与历史唯物主义"。1957 年 12月 10 日，教育部发出《关于在全国高等学校开设社会主义教育课程的指示》，将以前的四门政治课停开，各年级普遍开设社会主义教育课；1958 年后，又改为"马列主义基础""政治经济学""辩证唯物主义与历史唯物主义"。1978 年 4 月，教育部发布《关于加强高等学校马列主义理论教育的意见》，规定文科开设中共党史、政治经济学、哲学、国际共产主义运动史，理科开设"中国党史""政治经济学""哲学"，有条件的学校加开"自然辩证法"。1984 年 9 月 12 日，教育部印发《关于高等学校开设共产主义思想品德课的若干规定》，普通高校普遍开设"共产主义思想品德课"。1986 年 9 月 1 日，又颁布《关于在高校开设"法律基础课"的通知》，要求普通高校普遍开设"法律基础"。于是，1987 年后，高等学校普遍设置"马克思主义理论"和"思想教育"，前者包括"中国革命史""中国社会主义建设""马克思主义原理""世界政治经济与国际关系"，后者包括"法律基础""大学生思想修养""人生哲理""形势与政策"等。1995 年 10 月 24 日，《关于高校马克思主义理论课和思想品德课教学改革的若干意见》出台，"95 方案"规定马克思主义理论教育课程包括"马克思主义基本原理""中国特色社会主义建设""中国革命史"，文科类专业加开"世界政治经济与国际关系"，思想品德课包括"思想道德修养""法律基础""形势与政策"。"98 方案"又改为"马克思主义哲学原理""马克思主义政治经济学原理""毛泽东思想概论""邓小平理论概论""当代世界经济与政治""思想道德修养""法律基础"。2003 年，"邓小平理论概论"又改为"邓小平理论和'三个代表'重要思想概论"。2005 年，又改名为"思想政治理论课"。可以看出，思想政治理论课无论是课程名称，还是课程内容都一直频繁变动，缺乏应有的稳定性，这虽然是由社会主义教育性质决定的，是由教育要适应经济建设与社会发展需要决定的，但人才培养、学生思想政治素质的培养有其内在的教育规律，它需要相对的稳定，频繁的变动不利于教学经验的总结，也不利于人才培养。

（三）衔接性不强

我国学校课程结构主要采取螺旋式课程结构。螺旋式课程结构根据学科的逻辑体系和学习者的身心发展特点，由浅入深、由简至繁地组织内容，对于学生掌握系统的理论知识是有益的，但容易产生课程内容重复的问题。在课程管理上，中小学德育课程由教育部审定，大学思想政治理论课程由中共中央政治局常委审定，由中宣部、教育部颁发。中学和大学德育课程之间缺乏衔接性与层次性，存在着中小学德育课程超越了学生发展阶段，大学德育课程又呈现"倒挂"的现象，不仅浪费了教育资源，而且也不利于学生学习兴趣与积极性的培养，影响课程教学效果。

（四）教材建设滞后

20 世纪 60 年代以前，马列主义理论课程仅仅考虑到教学大纲，并未涉及教材问题，1961 年 4 月 8 日下发的《改进高等学校共同政治理论课程教学的意见》中指出"最近各地高等学校来电、来信、来人询问有关共同政治理论课程设置和教材问题的日益增多"，说明当时的教材建设有些滞后，影响了课程的实施效果。教材问题没有得到解决，使得"共同政治理论"课程要么"暂缓开设"，要么"选读毛泽东同志的有关著作"，课程设置没有得到有效落实，这种局面基本持续到改革开放初期。基于教材建设对于课程设置及课程实施的重要性，并汲取了几十年来课程设置与教材建设的经验与教训，"05 方案"首先考虑的是教材问题，要求"教材先行"，指出将高等学校思想政治理论课教学大纲和教材编写纳入马克思主义理论研究和建设工程，中宣部、教育部负责教学大纲和教材编写工作，组织由学术带头人任首席专家，由理论研究人员、教学人员及实际工作部门人员组成的编写队伍，编写全国高等学校思想政治理论课教材。

第二节 当前高职院校德育教学状况分析

一、当今高职院校德育教学出现的问题

改革开放以来，我国经济发展、社会进步，社会生活多方面发生了深刻的变化，社会多样化的趋势凸现出来。大学生历来是对社会变化反应最为敏感的高智力青年群体，他们最先感受到社会多样性的变化并在价值观上表现出来。在多种价值观念的相互激荡和碰撞中，他们改变了"非此即彼"的价值趋向，同时在价值选择上也出现很多盲区。大学生价值观出现的多样化趋势，在给高校带来活力的同时，也对高校传统的德育教学提出了严峻挑战，要求高校德育教学从观念、内容、形式、方法到运行机制等方面必须进行创新。

世界各国现代化的实践表明，社会多样化格局的发育，在给社会生活带来生机和活力的同时，也会诱发自由放任和分散无序等有害现象，特别是思想尚处于发育阶段的大学生，极容易出现拜金主义、享乐主义、利己主义。这对培养社会主义建设者和接班人极为不利。因此，针对大学生价值观出现的多样化趋势，高校德育教学必须进行创新。

如今大学校园里讲实惠、讲实利的风气盛行，有些大学生对人生的理解仅仅停留在物质的满足上，以欲望的充分满足取代人生的全部价值。其人生价值目标的选择处于一种浅显易变的、急功近利的状态，并不是社会深层演变在大学生价值观上内在的价值反映。当他们不能抵御诱惑时，就会被动调整自己的价值取向，而这种调整往往注重的是个人和目前的实惠，价值目标表层化使得一些大学生的理想失落、精神动力不足。

在部分大学生中存在的价值观念错位现象，主要表现为同社会主导价值观的背离。一方面，一些学生片面追求实惠、享受，把满足切身利益作为自己追求的目标。另一方面，有些大学生对为人民服务、人生的价值在于奉献

的价值取向相对冷漠，尤其是在追求经济利益的市场经济条件下，当金钱的意识普遍强化、社会分配的差距明显拉大，大学生通过"双向选择"进入人才市场而成为等价交换的"商品"时，一些大学生在知识与金钱、道义与利益、奉献与索取等价值取向的焦点上，越来越向后者倾斜。

二、高职院校德育教学出现问题的原因

（一）对德育教学工作的放松

从大环境来说，十一届三中全会以来，党的工作重心由以阶级斗争为纲转移到了经济建设，由此放松了德育教学工作。由于高校注重对学生能力的培养以适应社会主义市场经济的需要，教育内容多与教育时间少的矛盾相对突出，改革开放以来大学生需要学习和锻炼的东西确实很多，学习英语、计算机知识、专业技术知识，锻炼口才和交际能力，使得学校对大学生进行德育教学的时间不足。

（二）德育教学目的模糊

改革开放以来，受市场经济的负面影响和西方各种社会思潮的冲击，有些人对世界观、人生观、价值观教育的目的模糊不清。究竟应解决什么问题？达到什么要求？人们不知道，一些是非的标准也发生了混乱。有的学生认为，搞改革开放，发展市场经济，只要能赚钱发财就实现了自己的人生价值。

（三）德育教学观念滞后

人们的行为都是在观念的支配下进行的，观念是德育教学工作创新的先导。邓小平在总结改革开放工作经验时指出，以往我们最大的失误是教育，没有重视对青少年的政治思想教育。这种情况在当前的高等教育中仍然不同程度地存在。例如：有的人认为德育教学工作是可有可无的清指标、软任务；有的人不能正确对待"左"的教训，认为一提德育教学工作就是重复"思想工作万能""政治冲击一切"那一套；更常见的情形是对如何加强和改进新时期德育教学工作缺乏深入的研究，德育教学与社会生活、社会热点、学生

的思想困惑和心理问题脱节。这些思想认识问题影响着德育教学工作的进程及效果。

（四）德育教学内容空泛

改革开放以来，随着人们思想的解放、观念的更新，一些新情况、新问题不断出现，而世界观、人生观、价值观教育的内容并没有随时代的发展而进行充实和完善，从全国来说还没有形成一个系统的世界观、人生观、价值观教育的理论体系。德育教学内容一方面处于零散的状态，没有对其进行有机的整合以形成一个系统的体系；另一方面也显得很空泛，一些问题的认识与时代特征和当前实践及学生的思想贴得不紧，一些问题缺乏深入的理论研究和概括。

（五）德育教学手段需创新

现在的教育形式没有完全脱离过去说教式的授课方法，主要表现在两个方面：一是形式呆板枯燥，上课照本宣科，严肃性有余，趣味性不足；二是华而不实，有些高校只讲究形式，搞些"花拳绣腿"，没有实质性内容，只求表面上轰轰烈烈，不问实际效果如何。缺乏有时代气息的教育手段，加上一些传统优秀教育手段也在弱化，使得整个教育达不到最佳的教育功能，教育也难以深入，效果无法保证。

第三节　当前高职院校德育课程实践教学改革创新的对策

一、健全德育教学管理机制

（一）应加强德育教育队伍建设，形成全员育人的新局面

德育授课在学校中的全面铺开，是完善德育教学的一个必要的条件，只依靠德育教师，是不能完成德育教学想达到的最终效果的，因此要在学院当

中实施全员育人的机制。

1. 加强与大学生家庭的联系

家庭教育是建立在血缘关系、经济关系和情感关系基础上的，是人的一生中时间最长的教育。家庭教育涉及面很广，主要的教育内容是道德品质和行为习惯的培养。它虽然不像学校教育那样对学生实施有计划、有目的的正规教育，但对学生的思想品德、言谈举止、作风习惯有着潜移默化的重要影响，其功能是一般教育不能代替的。加强学校与家庭的沟通，可以对学生的道德品质、言行习惯有一个全面的、真实的了解，为有的放矢地做好德育授课打下坚实的基础。加强学校与学生家庭的联系，还可以及时反馈学生的整体状况，调动学生家长的参与意识和教育的积极性，共同做好学生的思想授课，取得事半功倍的效果。

2. 形成"三育人"的学校教育模式

学校教育的主要作用方式是教书育人、管理育人、服务育人。它具有自觉性和互染性的特点，对于大学生的健康成长具有主导作用。做好大学生的德育授课，仅掌握学生授课一线的教师和辅导员是远远不够的，必须调动全校每一位教职员工都来关心大学生的德育授课，人人自觉地去实践为人师表，及时用自己的授课和言行教育学生、感染学生。同时，要调动一切积极因素，充分发挥学生干部、学生党团员、入党积极分子等骨干人员的作用，建设一支强有力的、大众性的德育授课队伍，形成全员、全方位的育人机制。

3. 充分发挥社会教育的作用

社会教育是指学校和家庭教育之外的所有教育，是通过社会舆论、社会风气、社会活动等途径接受的教育，是一种使用广泛的思政教育的途径和方法。随着市场经济的发展，人们的社会交往、社会联系越来越广泛，特别是随着传媒的现代化、网络化，学校与社会之间再也不存在一堵围墙，社会大环境对大学生的影响越来越大，这就要求动员全社会各方面的力量来关心和关注大学生的德育授课，配合学校，为新时期高校大学生的成长创造更有利的条件。另外，在教育实践中，还要尽可能地扩大德育授课自身的内涵和外延，利用大众传播媒体、网络载体、心理咨询载体、管理载体等多种媒体和综合的教育方法，达到渗透教育的目的。

（二）提高德育任课教师水平，改革德育教学模式

人的素质是多方面的，包括德、智、体、美等，其中德是第一位的。也就是说，思想品德素质是最重要的素质。我们常说，教师是人类灵魂的工程师，也是把思想品德教育视为教师的主要职责。在当代社会，教师的第一职责应是教学生如何做人，第二职责是教学生如果思考，第三职责才是传授具体知识。[①]

德育授课教师的艺术性是教育方法有效性的最直接体现，其授课的艺术性将直接影响方法的效果。因此，德育授课教师必须注意提高自身的授课艺术性，授课者的艺术性主要表现在运用语言的机智性和处理突发事件的灵活性、巧妙性。要通过不断的学习，不断充实和完善自己的知识结构，提高理论水平，通过修身养性不断增强自身的心理素质，必须主动、积极地参加各类德育授课实践，在具体实践中不断摸索和探讨实际经验，不断提高实际操作能力，以便全方位实现自身素质的提高，达到机智运用语言和巧妙处理突发事件的目的。同时，当代大学生又具有求美求乐的心理特点，如果广泛吸取各种艺术之长，丰富德育授课的表现形式，寓教育于各种艺术形式之中，实现教育形式的多样化，必会收到事半功倍的效果。优秀的艺术作品具有陶冶情操、净化灵魂的功能，随着社会主义文化事业的蓬勃发展和人们欣赏水平的日益提高，德育授课向艺术化迈进，既能给大学生以道德上的启示，又能给他们以美的享受。这样，德育授课定会取得旺盛持久的生命力。

由单项灌输向互动疏导转变。德育授课当中的一部分任务是要将党的理论、基本路线和基本纲领为学生所掌握，这一任务决定了理论灌输的必要性，但是为了避免德育授课灌输原则的死板、生硬和强迫的弊端，要坚持以下原则方法。第一，关心体贴，以情感人。在解决思想问题的时候要采取和风细

---

①宋学成，胡愈乔. 大学生德育现代化浅论 [J]. 陕西青年管理干部学院学报，2001（01）：33-34.

雨的方式，从关心大学生的切身利益入手，真诚地帮助其解决学习和生活中的实际问题与困难，做他们的知心朋友。第二，说服教育，以理服人。大学生阅历较浅，感情易冲动，对他们开展德育授课要采取循循善诱的方法，力求用科学的方法论和世界观引导他们加强修养，逐渐成熟，对他们在思想上、生活上、学习上的问题，要耐心说服，动之以情，晓之以理。第三，做到两个结合。一是灌输说教法与体验法相结合，增强大学生在校园生活中和社会生活中的体验，把思想认知与情感体验紧密结合起来，使他们在说教和践行中有充分愉悦的情感体验，达到知、情、意、行的内在统一。二是研究法与引导法相结合，增强大学生的主动性。在德育授课中提倡研究分析理论问题和现实问题，可以使德育授课达到应有的深度。同时，研究法适合大学生思维活跃、喜欢逻辑分析的特点，加以适时恰当的引导，就能在保证大学生主动性、积极性的前提下，达到德育授课的目的。

　　由显性教育向显隐结合的教育方式转变。显性授课方法是指授课意图能让授课对象明显感觉到的一类授课方法，其特点是把道德、观点、要求开诚布公地告诉授课对象。隐性授课方法是指授课意图不为授课对象明显感觉到的授课方法，它的特点在于授课意图的隐蔽性。现代心理学研究表明，人的思想、心理存在一种自身免疫效应，当与人自身固有的思想体系相区别的外界思想突然进入时，人自身的原有思想就会形成一个防护层，阻止外界思想的侵入，并且这种外界思想被人感知的程度越大，它所受的抵触也就越强烈。隐性教育方法能够有效避免授课对象产生逆反情绪，增强德育授课的吸引力、愉悦感，延伸授课的时间和空间。德育授课要实现人的思想转化，就必须在搞好显性教育授课的同时，重视隐性教育授课方法，潜移默化地将先进的思想意识灌输到大学生的思想之中。

　　隐性教育授课方法是多样性的，它可以是一次随机的聊天，可以是某种有目的学习、授课环境，还可以是精心营造的心理环境或文化氛围。加强隐性教育可以通过两条途径。第一，可以寓德育授课于活动之中。现代科学技术的发展为开展群众性的活动提供了宽广的舞台，同时也大大拓展了德育授课的阵地，德育授课应从传统的狭小空间走向更广阔的天地，将授课开展到影剧院、体育场、文艺舞台，充分发挥现代传媒的传播、渗透功能，对学生的思想进行全方位、立体式的熏陶和感染，使他们在有意无意之中接受教育。第二，寓德育授课于专业教育之中。要改变过去那种单纯依靠思想意识的灌输来提高思政素质的做法，要坚持在提高知识文化水平的基础上，提高德育授课的有效性，要充分激发大学生学习专业知识的兴趣和热情，创造一定的条件和环境，使他们在科学知识和文化知识的学习过程中自然而然地接受思想教育，提高思想境界。

在德育的授课方式上，要争取多些师生之间的互动。所谓互动，简单地说，就是指教育者与教育对象双方在思想和感情上的相互交流。德育授课是凝聚人心、调动人的积极性、激发人的创造性的授课，思政教育过程既是教育者按照社会要求积极组织实施教育的过程，也是受教育者基于自身思想基础内在的需要，通过自己的积极活动，能动地选择接受教育的影响，同时进行自我教育的过程。教育者和被教育者客观上形成了教育主体和教育客体的关系，同时这个关系并不是完全对立的，而是一种相互影响、相互作用、相互促进的互动关系。有时，主体和客体的角色关系甚至可以发生转化和颠倒，即主体客体化和客体主体化。所以，思政教育过程实质上是主体积极的教育过程和客体能动的受教育过程的统一，割裂二者的关系，或片面强调一方，都会影响思政教育的效果。

二、更新教学内容

（一）高职院校学生心理健康教育

1.高职院校学生心理健康问题现状及特点

心理健康问题在当今社会是一个比较受重视的问题，尤其是就业压力、情感挫折、经济困窘等，易导致高职院校大学生出现心理健康问题，高职院校教师不仅要向大学生传授知识，更担负着塑造大学生健全人格和高尚精神品质的重任。在日常教学过程中，教师应针对当代大学生主要的心理问题采取积极的健康教育和干预措施，及时排解学生在学习和生活中的不良情绪，

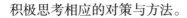

积极思考相应的对策与方法。

目前，高校所采用的德育教材中，关于心理健康的内容只是简单提过，并未成为重要内容，德育的教学与现实的需求形成了一定的反差。因此，在德育课授课时，可安排一到两个课时，专门对此类内容进行讲授。事实证明，学生也比较喜欢听此类的内容，并能从中获益。

2. 解决高职院校学生心理健康问题的方法和途径

学校应该更加重视心理健康工作，配备更加专业的心理咨询老师，让他们更加专注地从事心理健康工作。在条件允许的情况下，最好将心理健康课设置成一门专业课程，每周有两节就可以了，让学生系统、经常性地了解心理健康的相关知识。如果在排课上不是很方便，那就增加心理健康讲座的次数，让学生更多地了解心理健康的知识，在学校里营造更加浓厚的心理健康的学习氛围，完善学院心协的工作，更好地发挥心协同学和各班心理委员的作用，让学生为学生提供更好的服务，让学生知道，如果有了心理困惑可以怎样去解决，也让学生掌握一点自疗的能力。

吸收相关学科的优秀成果，是促进高校思想政治工作科学化的一项重要举措，而德育教学就是前沿化的思想政治工作之一。每一个德育的授课老师，同时也是学院思政工作的重要组成部分。因此，意识到心理学和思政工作，以及德育教学之间的密切关系，是学院在教学、行政管理上相辅相成的一个很好的做法。

（二）高职院校学生法制教育

1. 高职院校中高职高专学生违法行为的特点

"高职院校学生犯罪"是随着高职院校学生数量的增长、各种问题的不断出现，而成为学界研究的重点内容之一的，它也应成为德育课的一项教育内容，让学生了解一些基本的法律知识，懂得更好地保护自己。

目前来看，高职院校学生犯罪具有种类多样化、犯罪行为具有模仿性和多变性、犯罪行为具有多发性和盲目性及纠合性和群体性等特点，在具备上述特点的同时，也呈现出组织松散、无明显核心人物的迹象，且地域色彩浓

厚，人员变动较大，因此可以因地制宜地制定相应的预防措施。

2.预防违法行为的方法和途径

健全机制，推动高职院校法制教育制度化。建立健全高职院校法制教育工作的政府引导机制，实现对高职院校工作的统一规划、统一部署、统一协调，形成政府指导、普法部门协调、各主管部门具体组织、各高职院校保证落实的高职院校法制教育格局。

让学生建立健康正确的法制观念，定期交流研讨，将普法工作落在实处。认真研究高职院校法制教育推行困难的深层次原因，从根本出发，积极探索，采取新的对策和措施，并不断完善长效管理机制，不断健全学校法制教育制度，把握高职院校法制教育工作中出现的新问题、新情况，探求开展工作的新机制、新途径。协调解决高职院校法制教育工作出现的问题，注重开展对高职院校法制教育系统化和规范化的理论研究，以引导高职院校法制教育工作适应形势的变化和发展。

整合资源，发挥德育教师的作用。鼓励德育教师掌握部分法律知识，在高职院校内开展力所能及的法律服务，有针对性地开展法制教育，聘请律师事务所律师为高职院校举办各种类型的法制讲座，通过法律援助、法律服务、人民调解等工作辅助法制宣传，加大法制教育的力度。

（三）高职院校学生情感教育

1.引导学生正确处理家庭关系

中国有句古话："百善孝为先。"关于家庭关系，即亲情的教育，在德育教育中占有十分重要的地位。其实，关于"孝"字的理解并不是太难，已经成年的大专学生也都知道对待父母应该是什么样的态度，毕竟我们都生活在讲究孝道的国家，而且他们都已经长大成人，多少体会到了父母带大他们的不容易。但是在和父母的交流中，也出现了很多的问题。比如，本是血浓于水的骨肉亲情，为什么会有一些人在与父母的交流中存在较多的障碍呢？其实，说到底，所有的问题最后都集中为一个表达和交流的问题。中国人在情感上的表达传统是深沉而内敛的，几千年来，含蓄的文化让面对面的爱变得很难说出口。有的大学生面对的不是亲情意识淡薄的问题，而是怎样表达孝心的问题。我们其实同父母一样，不习惯用语言来表达爱，更多的时候，我们在亲情面前变得羞涩而沉默。于是，父母的爱变成了对子女的一遍遍让我们听得生厌的"唠叨"，而作为子女的我们也只是被动回答而不会主动去说。

针对这种现状，在德育教学中，要向学生介绍什么是真正的"孝"，在家庭关系中，其处于什么样的地位。随着年龄的增长，我们的家庭角色会产生变化，不只是孩子的角色，将来还有可能是父母的角色，正确做好父母的角色，就能知道怎么样正确做好一个孩子的角色，这个道理是共通的。当然，在教学中，有学生感觉到自己的父母有着这样或那样的问题，所以对自己的父母心生不满，所以在这门课中，还要介绍家庭责任问题。

对大学生开展亲情教育亟待创新方式方法。在每次的亲情课上，可以用一些关于亲情的作业来进行授课。比如大学报到前的 24 小时，关于亲情的三行亲书，在父母心中关于你印象最深的一件事，等等。其实，作业只是一种形式，重要的是用这种方式起到沟通的作用，让学生懂得表达和沟通对于家庭关系、亲情维系的重要性，从写作业再落实到生活当中去。

2. 引导学生处理在校园内的友情问题

大学生作为一个特殊的群体，正处于青年的中期阶段，自我意识逐渐趋于成熟与稳定，同时也会遭遇自我意识的分化，引起内心的波动，从而产生孤独感与空虚感。友谊作为自我克服内心空虚的产物，是个体自我控制的外在表现。友谊可以为大学生提供积极有效的社会支持。

无论什么年龄阶段，无论什么文化背景，在人际沟通方面出现问题都是很正常的，何况是这些年轻的学生。但是，现在的学生更加追求独立，更加要求完善自我，所以在日常交往中，大家有的时候会显得过多地考虑自己的感受，而忽视了他人的存在。在学校里，很难相处的是宿舍关系，因为大家有不同的生活习惯，在一起生活后就会互相影响，所以在学校当中，在自己身边找到一个好的朋友是很难的。此外，因为成长环境、家庭环境不同，不同学生在看待很多事情上有大量的分歧，产生了疏离感，也影响了友谊的建立。

当然，朋友的存在对一个人来讲是很重要的事，"一个篱笆三个桩，一个好汉三个帮"，在外独自求学和生活，有一个朋友陪伴和关怀是非常必要的。当你有困难的时候，当你难过的时候，在你身边的每个朋友都会为你出谋划策、遮风挡雨。当然，朋友的交往也有要求，在关于友情的课堂上，笔者分析了男生之间、女生之间友谊各自的特点，大家在课上积极发言，踊跃表达自己的观点，同时在课上也沟通了师生之间友谊存在的必要性和特点，同学们也表达了友情这种情感类型所需要的几个要素，如真诚、热情、信任等，朋友交往贵在自由，不要给对方太多的要求，不要让对方一定得按照自己的想法去生活，不要让大家因为你的存在感到沉重，以获得一种平等自由的交往状态，这才是友情这种情感类型的真谛。

3.引导学生正确处理情感问题

在大学中，爱情这个话题已经不再神秘而不可触及，对于大学生，关于爱情这个话题的探讨是很必要的。大学生都已经成年，老师没必要去过多干涉学生的私人生活，但在德育领域，要在课堂上探讨的话题大概会在两个方面：一方面是爱情这种特殊情感的处理问题，比如单相思、暗恋等；另一方面是感情道德的问题。在感情问题上，经历丰富有时候不代表经验的累积，年轻人毕竟岁数小，容易冲动，谈过几次恋爱就觉得自己成了爱情专家，所以对于学生最多的应该是建议和提醒，让他们明确爱情在生活中的位置，以及彼此感情产生后应该注意的问题。所以在授课时，面对学生，我们交流的是如何正确对待爱情这种情感类型，不要因为爱情选择的问题，出现打架或者伤害自己的情况，再有就是交流，如果有了爱情，如何更好地保护自己和保护自己所爱的人，不以爱的名义去不停伤害他人。

4.教育学生正确表达爱国之情

当今世界，多种国家形式并存，多种国家体制并存，因此形成了错综复杂的国际关系，再加上历史原因形成的边境问题，国际法不完善形成的很多模糊理论问题，都是我国当前复杂的周边环境形成的原因。纵观史事，我国目前的周边环境，有些问题还是需要我们重视的，作为新时代的大学生，对于周边环境的了解是非常必要的，这有利于他们更好地了解自己国家的处境，更全面地了解国际形势，从而激发他们的爱国情怀。所以，在德育课的授课中，应增加相关知识的普及内容。

首先，要强化课堂主渠道的作用。课堂是大学生获取知识和信息的主要场所，也是高校进行爱国主义教育的主渠道。爱国主义教育本身就是德育教育的重要组成部分，德育教育在对学生实施系统的爱国主义教育的过程中具有独特的优势和作用。对大学生进行爱国主义教育，就是要培养当代大学生对祖国的热爱之情，激发他们对国家、民族和社会的强烈责任感与历史使命感，为中华民族的伟大复兴而努力奋斗。为此，我们要以德育教学为阵地，从理性的高度对学生进行爱国主义教育。一是加强德育师资队伍建设。保证一定数量的教师承担德育的教学任务，并不断提高其素质。二是认真改进德育教学内容和方法。适应形势发展的需要，增加新内容，剔除过时的理论观点，使理论教学同现实结合得更紧密，更具有时代气息。力争做到把爱国主义教育同我国近现代史教育、国情教育结合起来，把爱国主义教育同社会主义、集体主义教育结合起来，把爱国主义教育同人生观、价值观教育结合起来，把爱国主义教育同精神文明建设结合起来。

其次，要开展丰富多彩的校园文化活动，营造爱国主义教育的文化氛围。德育教师可以联合授课班级的辅导员，通过校园文化建设，在校园内形成浓郁的爱国主义氛围，使青年学生置身其中，耳濡目染，收到潜移默化的教育效果。一是开展形式多样的寓教于乐的活动。结合校园文化建设，把爱国主义教育渗透到各项活动中去，如定期举办业余党、团学习班，组织多种多样的班级活动。开展"校史、国史、国情""爱班、爱校、爱国"等系列活动，升国旗，唱国歌，邀请爱国人士做报告，到烈士陵园瞻仰，都能有效增强学生的爱国主义情感。活动要坚持做到三个结合，即正面灌输与学生自我教育相结合、校内与校外相结合、理论与实际相结合。二是营造良好的育人环境。良好的环境具有导向、激励、育人、审美等功能，是一种无声的力量，它每时每刻都在对学生进行一种渗透力很强的性情陶冶。可见，激发学生爱国情感的一个不可缺少的外部条件即校园的美丽和宁静。同时，应突出爱国主义教育主题，使之占领各种宣传阵地（宣传栏、黑板报、走廊、教室墙壁等），如张贴国旗、国徽，以及革命领袖和历史杰出人物的肖像、爱国名言等。还应充分发挥艺术感染力的作用，用直观、鲜明的艺术形象拨动学生的心弦，如油画、壁画、连环画等。有条件的学校还可以建造爱国人士纪念亭和塑像等，以强化环境育人的效果。

最后，加大社会实践力度，不断升华爱国主义情感。德育课不是只在教室中讲授的课，爱国主义更不是抽象的、空洞的说教，而是具体的知、情、意、行的统一。激发学生的爱国情感，最终必须落实到爱国主义的行为实践之中。让大学生走出校园，走进社会，了解国情、民情，亲身感受各行各业的劳动者为祖国的繁荣富强而奋力拼搏、无私奉献的精神，感受社会主义建设所取得的巨大成就，这是对大学生进行的最形象、生动、具体的爱国主义教育，也是最能激发大学生的爱国之情和报国之志的教育。

（四）美学及礼仪教育

1. 美学中的个人仪表

在个人仪表问题中，仪容是重中之重，在人际交往中，每个人的仪容都会引起交往对象的特别关注，并影响到交往对象对自己的整体评价，个人礼仪对仪容的首要要求是仪容美。

仪表是指人的外表，包括人的容貌、姿态、服饰和个人卫生等方面，它是人的精神外貌的直接表现。仪表美包括仪容之美、服饰之美，但是现在一些学生不太了解什么是美，在日常生活中并不注意自己美的标准的建立，大家过早地将自己的形象社会化。虽说每个人对于自己的装扮是自己的自由，我们不应干涉，但是作为一个年轻人、一个学生，还是应该注意自己的仪表定位问题的。

从美学的意义上看，人生的审美境界是包含着道德之维的，或者说是不可以抽离道德因素的，但是道德因素不是作为概念，而是作为一种直观融化在审美境界中。反之，人生的道德境界也是包含审美因素的，审美因素的缺失将使道德境界不够完善、不够理想。当然，审美境界也好，道德境界也好，都是人生的正面价值体现，也是人生的一种理想状态。比如，我们为了不影响学习，不花太多的时间和金钱在自己的发型设计上，不盲目染烫发，尤其是男生，最好留干净清爽的头发，女孩也不要弄个爆炸式或者其他太过于成熟的发型，作为年轻人，应该有符合这个年龄特点的、青春朝气的形象。

在服装的选择上更是如此，太短、太露、太薄的衣服，都不适宜学生穿着，虽然大学不再硬性要求穿着校服，但是学生在服装上的选择也要符合美学的要求，在日常生活中穿的服装要有学生的特点，参加体育活动或文艺活动，也要根据参与活动内容的不同来选择自己的服装。

2. 社交中的个人礼仪

中国是一个具有几千年历史的文明古国，素以"礼仪之邦"享誉世界，在大力提倡社会主义精神文明的今天，广大青年必须弘扬"礼仪之邦"的道德风范，使其为我国社会主义现代化建设服务。

我们生活在现代社会中的每个青年人都要与他人打交道，从一定意义上讲，人类的任何活动都是某种形式的社会交往活动，它不仅是人类的主观意愿，而且是人类生活的客观需要。我们必须明确在社会交际活动中，以及在各种公共场合应遵守的礼仪规范，纠正违反礼仪规范的言谈举止，自觉养成讲文明、懂礼貌的好习惯，不断树立良好的社会道德意识。

作为一个大学生也好，作为一个普通人也好，拥有一个完整的、规范的个人礼仪是很重要的。想要拥有完整、规范的个人礼仪，有几个原则是必须遵守的。第一，尊重是基础。在学校，我们要和老师、同学、校工等人员打交道，对于每一个人，我们都要有尊重的态度、尊重的理念，要知道"己所不欲，勿施于人"的道理，自己不喜欢别人对待自己的方式，一定也不要实施到别人的身上。第二，平等为前提。大家的成长环境不同，来自五湖四海，但都是平等一致的。坐在一个教室里，就是同学，就是朋友，不要有地域歧视和文化歧视，不要耻笑别人的口音，也不要用别人不同于己的风俗习惯去笑话他们。第三，宽容才快乐。有人是独生子女，有人在家里是哥哥姐姐，有人在家里是弟弟妹妹，每个人都有自己的生活习惯和处事方式，突然几个人生活在一个屋檐下，难免会出现磕磕碰碰，这个时候就体现出了宽容的重要性。我们要包容别人不一样的生活习惯，不要对他们要求太多，当有人无意之中冒犯到你，要弄清原因后再及时沟通解决问题。第四，互利才持久。个人礼仪的要求和规范是双方甚至多方的，只对一方提礼仪要求是不合理、也是不科学的，总让对方懂礼仪，总要求对方无条件容纳自己、包容自己是不公平的，因此个人礼仪要求大家都要遵守，在每个人遵守的前提下，我们才能创造出一个和谐的校园环境。

（五）德育考核方法的改革

1. 当今德育的考核模式

在刚讲德育课的时候，每次的考试都是闭卷的，内容生硬古板，形式单调，学生也不喜欢，笔者也觉得这样的考核方式不符合德育教学的基本需要。随着德育考试的进行，笔者也摸索出了一定的经验，从原来的闭卷出题考试改为开卷考试，每次出 6～8 个题目，由学生任选 4 道题进行作答，题目涵盖的范围也较广，从时事政治、心理健康到案例分析等，学生可依据自己的体会和感受，以及掌握的知识量并结合书本内容进行作答。但是，从最近几年的试题回答情况来看，学生大多依赖书本，自己发挥的内容少，笔者认为出现这种情况的原因有以下两点：第一，个别教师授课时，给学生讲授的知识面较窄，不太涉及政治时事、社会热点问题；第二，部分学生也不关心这些问题，学生所掌握的信息大多来自网络，而学生上网时很少关注和他们有关的人生哲学、社会热点分析等内容，所以对于这些内容一知半解，不知所谓。如果出题太依赖书本，就失去了开卷考试、拓展知识面的初衷；可如果出题内容灵活，接近实事，又会出现学生不会回答的情况，因此现在的考试模式陷入了瓶颈。

2. 德育考核的途径

德育考核一般采取平时成绩 40 分、卷面成绩 60 分的考核方式。平时成绩的 40 分，大多老师采取的是考勤的方式或者作业的方式。单纯利用考勤的方式有些不太全面，因此应更侧重于用作业的方式。作业的内容可分为四个方面：一是给父母的三行亲书，这个作业是亲情课的主要内容；二是回忆一位让他们印象深刻的老师，这个作业用于探讨现在的师生关系；三是给自己的一封信，可以写给毕业那天的自己，也可以写给十年后的自己，这个作业体现的是学生对自己的一个规划和定位；四是写给身边人的信，让他们自己选择写给谁，这个人必须是身边的，感谢因为这个人的存在而让生活有所不同，让他们学会感恩，学会容纳和接受他人。这四个作业，每个作业都是 10 分，既完成了平时成绩的要求，对学生来讲也是一个总结。

至于卷面的考试，在考题上也要侧重学生自身的特点和要求，考题要更贴近考生，出一些大路题并不能体现出学生能力的高低，但如果把类似作业内容的题目当作考题的话，大家的答案就会各种各样，更能体现出每个学生写作能力和思维能力的不同。应考虑怎样将学生平时的品德表现和德育考试相衔接。比如，拾金不昧的学生是否能在德育考试当中加分，或者将学生参与的其他公益活动作为德育考核当中的一项内容。

三、完善教学方法

（一）情景教学法在德育教学中的应用

在实际的授课中，笔者发现，学生本身对于课程的参与是很感兴趣的，因此可以让学生通过角色扮演来更加深入地了解课程讲授的内容。比如，在讲到爱国之中国文化篇的时候，或者讲到礼仪篇的时候，让学生来扮演不同的角色。在中国文化篇中，笔者安排了中式婚礼的过程演示，让学生扮演新郎新娘、双方父母等角色，大家在欢笑中学习了中国的文化，体验了中国文化的精髓；在礼仪课中，笔者安排学生扮演顾客和服务生，从顾客进门到顾客离开，全套的礼仪要求有哪些？握手、拥抱、作揖等礼仪要求有哪些？通过角色扮演，大家了解得更为直接和彻底，而且学生亲身的参与，让他们更能具体了解这些文化。当然，也有社会热点的情境再现，让学生模拟某个事件的过程，再进行分析，大家能够站在不同人物的不同角度来理解这件事情，在观点辩论和交流中，完成了课堂授课，这种方式是比较可取的。

（二）多媒体教学在德育教学中的应用

在现在的教学中，有一个非常重要的教具，那就是多媒体。原来上课时，黑板、粉笔是每个老师都离不开的教具，但当多媒体走进教室后，它就成了课堂教学的主体，多媒体的最大特点就是直观，学生了解起来比较直接，老师的选择变得多样。除了可以使用电影片段以外，歌曲也是可以使用的内容，新闻片段也是可以使用的内容。网络给我们提供了大量免费的多媒体资源，而这种方式又是学生非常乐于接受的方式。在讲课过程中，多媒体解放了老师的思维和备课范围，它的出现在教学上不亚于一场革命，一个老师说两节课的情景在德育课上已经一去不复返了，但也要注意，个别老师过多依赖多媒体，一个电影放一节课，这违反了多媒体教学的初衷，过分依赖带来的是时间的浪费和教师的懒惰，根本起不到功用，对教育资源也是一种极大的浪费。因此，合理利用多媒体教学，在德育教育中是非常重要的。

（三）访谈方式在德育教学中的应用

师生关系中的"实话实说"，是笔者比较喜欢的一种方式。在讲到师生关系这一课时，笔者将教室布置成访谈式的演播室，在教室的前面摆上沙发，将授课班的辅导员请到教室，因为课程内容为师生关系，所以辅导员的亲自参与是十分必要的。在这堂课上，学生和辅导员都能畅所欲言，学生可以在这堂课上了解到辅导员不为人知的另一面。另外，很多问题的研究和探讨，为了提高学生的参与性，都能采用这种方式。比如，关于理想的访谈，关于爱情观的交流，关于公德问题的探讨，都可以把学生当成嘉宾请到台前，让课堂变成演播室，让上课变成访谈节目，让学生参与教学活动，把被动听课变成主动参与，丰富德育课教学的方式。

这种教学方式也要注意以下几点。

第一，一定要和访谈对象提前沟通，让他们有所准备，不要突然把他们请到前面，除非是平常和你很熟悉或者本身也愿意表达的学生可以大方表达，否则会遇到冷场的现象。德育教学不是知识灌输，而是观点讨论，要让学生成为课堂的主角，而不是老师。在沟通和探讨时，要让学生对问题有自己的看法和理念，而不是简单灌输。德育不同于其他专业的讲授，并不是将大家不知道的知识进行传授，而是就大家已知的一些观点进行讨论，通过这样的讨论，让学生有一个合理的发展并建立一套正确的人生观和价值观。

第二，有的时候，学生会表达一些有些偏颇的观点。笔者并非主张课堂讨论要随时解决学生的错误回答，那种只关注学生即时兴趣、即时问题的教学已经被证明是行不通的，但我们又不能漠视在学生真实思维水平上所发生的问题，特别应该引起我们注意的是，如何让解决问题的基础建立在学生自身思维水平的碰撞上，这里就有一个讨论方式的选择问题。如果我们还是站在传授知识的角度，一味地为学生解答问题，讨论肯定会陷入以教师为中心的泥沼。

在真正的课堂讨论中，"讨论之球"的特色不是"教师—学生 1—教师—学生 2"那样进行，而是"教师—学生 1—学生 2—学生 3—教师"多站进行的。也就是说，教师引导学生开始讨论，一位学生提出讨论的线索，第二、三位学生加入，只有当讨论陷入僵局或者陷入歧途时，教师才做一些引导性的介入或者修正。这种教学讨论的特征是，无论从教师角度，还是从学生角度看，彼此的发言复杂地交织在一起，具有内在联系，学生对问题的关注、思维的活跃，都是一般课堂难以达到的。

（四）社会实践在德育教学中的应用

德育的教育内容不能单单停留在课本上。其实，人手一册的教材在课堂上的负面影响已经显而易见。课堂上，教师的启发刚要开始，响成一片的翻书声已经代替了沉静的思考，前一步的结果还没有论证，后一步的思路早已经确定，因为一切都可以在教材中寻找。可是，当有一天学生离开了学校，离开了教室，在社会上遇到难题的时候，该到哪里去寻找教材？所以，在德育教学中，也可以加入社会实践的内容，一个学生的品德水平只通过谈话交流是不能够完全体现的，懂礼貌是必须的，但光在口头上懂礼貌是远远不够的。一个学生如果能积极参与社会公益，热心助人，关怀他人，将德育的教学成果体现在为社会服务上，笔者觉得这样的德育教学是成功的。采取的方式在前面德育考核方式中已经提过，这里不再重复，只有通过德育真正改变某些学生的思想，从而改变一个学生对人对事的看法，才能真正体现德育教学的成果。

参考文献

[1] 夏艳. 高职学校学生职业道德教育的现状、问题及对策研究 [D]. 南京：南京师范大学，2010.

[2] 钟佐彬，徐敬洁. 高职院校学生职业道德教育现状及对策研究 [J]. 内江科技，2010，31（03）：173，190.

[3] 张淑贤. 高职院校学生思想道德素质存在的突出问题及其对策研究 [J]. 价值工程，2010，29（28）：171-172.

[4] 潘虹. 高等职业技术院校学生思想道德存在的问题及对策研究 [J]. 才智，2014（18）：13-14.

[5] 许润. 浅谈当代工匠精神与高职院校职业道德教育的培育 [J]. 科技创业月刊，2017，30（01）：56-57，60.

[6] 于滨. 高职院校学生职业道德教育存在的主要问题及对策 [J]. 浙江水利水电专科学校学报，2010，22（03）：96-98.

[7] 曾银慧. 高职院校学生职业道德教育研究 [J]. 湖北成人教育学院学报，2014，20（01）：29-30.

[8] 陆春岐. 浅谈新时期高等职业院校德育教育工作 [J]. 新校园（上旬刊），2014（05）：102.

[9] 宋丽娜. 陶行知生活教育教学论阐析 [J]. 大连教育学院学报，2014，30（04）：51-53.

[10] 王军伟. 职业生涯与职业道德应为高职必修课 [J]. 教育与职业，2015（01）：78.

[11] 荏良计，李俊平. 中高职贯通德育课程体系一体化的必要性及其途径 [J]. 职教论坛，2015（14）：40-43.

[12] 吴春萍. "体验式"生命教育在高职德育课程中的实践探析 [J]. 教育与职业，2017（14）：109-112.

[13] 岳亮. 高等职业学校学生思想道德问题成因及对策研究 [D]. 长春：东北师范大学，2011.

[14] 廖杰. 高职院校职业道德教育与岗位意识培养 [D]. 上海：复旦大学，2011.

[15] 徐振. 新时期高职院校学生职业道德教育的问题分析 [J]. 现代企业教育，2013（20）：196.

[16] 孙元儒，贾茜，李艳霞. 高职院校德育课程现状调查及问题分析 [J]. 中国成人教育，2015（14）：138-140.

[17] 徐岚. 高职院校活动德育课程满意度调查研究 [J]. 中国职业技术教育，2017（20）：42-45.

[18] 罗金彪. 新形势下高职德育工作存在的问题与对策 [J]. 教育与职业，2015（22）：59-61.

[19] 段小斌. 高职院校德育工作的问题及对策 [J]. 教育与职业，2014（05）：51-52.

[20] 熊峰. 高职德育改革探索 [J]. 教育探索，2014（05）：131-132.